U0103101

存在主義概論

李天命 著

臺灣 學生書局 印行

序

牟宗三

存在主義既可以主觀地講，亦可以客觀地講。客觀地講可以使我們了解西方文化發展至十九世紀所表現出的病象，因而也就可以使我們了解它的時代方面的意義。主觀地講則是訴諸個人的存在的感受，以期對於最內在的真理有所覺悟。因此，這一思潮既是客觀地涉及時代精神問題，亦是主觀地指向個人的精神生活如何超轉之問題。

近代的文化精神是著重技術知識之增進，因此，可以了解許多現實問題，增加了人類的幸福與便利。但是這樣一來，人安於享受，人被吞沒於技術知識與技術處理羅網之中。知識與知識對象底機械結構浮在一切之上成了統治一切的暴君。如是，人如其為人底尊嚴漸漸消逝了，以至於無，罪惡之感漸漸淡薄了，以至於無。古人向慕聖賢，今人則以為聖賢是圖騰之偶像；古人歌頌英雄豪傑，今人則羣趨於狡獪與便給；古人品題人物，深入人性情之微，今人則諂媚愚眾，性情日就埋沒；古人重視智慧，今人則重視電腦。古人仰視俯察，薄暮籬落之下，五更臥被之中，皆有所遇；今人則無晝無夜，匆遽忙迫，不知所忙何事，故終於盲爽發狂。這兩種相反

的精神一經對照，便甚顯然。存在主義首先意識到了這一點，發出了反抗的呼聲。這是客觀地講的一面。

但是反抗這時代的沈淪，我必須首先能存在地不沈淪，這便指向個人的精神生活之超轉，真性情之清醒。人只有存在地正視其自己之遭遇，不埋沒於機械的結構之中，始能透露其內部的性情之真。性情之真亦可以上下輪轉。存在主義不只是要暴露那些負面的病象，那些陰暗面的腐朽與罪惡，而且還要正面地指引到如何轉化這些病象而使你的生命超昇，使你歸於性情之正。存在主義不應當只是現象學地揭露那存在的活動中的真實情形（real case）。真實的人（authentic man）不只是無顏色的氾濫的暴露，而正當我們說真實的人時，即函蘊著要歸於性情之正的一個價值判斷。放縱恣肆，肆無忌憚，驚世駭俗，直情逕性，不得謂為真實的人。這在以前中國的學問中早已分別得很清楚，而存在主義對於這一點卻似乎不十分能正視。

假若你真能存在地正視你的生命發展之精神，你將可以滲入全部的內容真理（Intensional truth），正面的以及側面的。

但是除存在主義著眼於內容真理以外，現代哲學中還有一派是講分析的，此大體是環繞外延真理（Extensional truth）而用思，其重點是在觀解知識（Theoretic knowledge）之明確。假若人類要想主宰其自己之命運，而且還可以繼續其文化之發展，則此兩派思想都有其價值。這兩派思想還是代表了古希臘的兩種精神：一是阿坡羅型的，一是第昂尼秀斯型的。前者重清明，而後者則重創造。

李天命君對於這兩派思想作了詳盡的敘述。其書分三卷：一卷是講存在主義，一卷是講邏輯分析，一卷是講語言分析。這兩派思

想是相反的兩極，是需要不同的心態來相契應的，而李君都能與之相契接而不覺有睽隔，可見其生命之健康與心思之豁達。讀者讀此書亦要虛心無僻執，而且不要只當作一些新鮮的知解來學著粘牙嚼舌，是要當作一種指標或軌迹，由之可以把我們的生命引歸到正當的途徑上來，使我們的思想歸於清明，並使我們的性情歸於真實。不但是內容真理要存在地去體悟去表現，即外延真理亦要吾人存在地去思考、去分解——存在地去作「非存在的思考」。

　　不管時代如何暗淡，哲學總代表著人類靈魂之清醒，至少也是嚮往清醒而不安於晦昧，至少也是一線清光之透露。我個人無他嗜好，除自己的工作鍥而不捨外，惟常慨嘆於時代的晦昧而覺無可如何。希望惟在清光之不斷，故見有後起之秀，則如空谷足音，無不色然而喜。是以於李君之作，願進一言以介紹於讀者之前，亦希望讀者以嚴肅態度觀之，知吾人所處之時代乃實是一衰世之時代，不可猶懵然不覺也。

中華民國 60 年 6 月

牟宗三 序於九龍

存在主義概論

目　次

第一章　存在主義導引

一、存在主義之盛行

當代的西方哲學，最盛行的是分析哲學（Analytic Philosophy）和存在（Existentialism）。在英國、美國等英語國家（English speaking countries）之中，以分析哲學（邏輯分析及語言分析）為主流。在歐洲大陸方面（主要是德國和法國）則以存在主義為中心。

以上所說的，是哲學界之內的情況。至於在哲學界之外，就一般的知識分子而言，則無論在英語國家抑或在歐洲大陸，都以存在主義為最風靡、最受人注目的一種哲學。為什麼存在主義會這麼流行呢？

正如卡柏蘭（A. Kaplan）在《哲學的新世界》一書中指出的[1]，存在主義之所以流行，主要的原因之一是：它給我們提供一種顯明地以人為中心的哲學，認為「人是一切」；當人們漸覺哲學愈來愈將人推到一種浮面的處境時，存在主義者卻出來表示：

---

[1]　A. Kaplan, The New World of Philosophy (New York, 1962), p.99.

「哲學不是一套命題，而是一種生命的途徑。」[2]這可說是回復到古老的哲學傳統中去了。此外，存在主義盛行（尤其在哲學圈外）的另一原因，是由於「虛無」、「自由」、「焦慮」、「存在」、「荒謬」、「具體」……等等字眼對一般知識分子（尤其是年輕一輩）是有很大吸引力的，不少人雖連哲學的基本常識也沒有，不知道缺少對西方傳統哲學的認識則難以了解存在主義，但仍愛將上述的辭語掛在口邊，表示夠「現代」。

結果，不少誤會因而引生出來了。一方面，有些人認為存在主義是「唯一的哲學」（雖然他們很可能連這「唯一的哲學」也無所知）；另一方面，則有不少關於存在主義的不當指責，例如：認為存在主義否定人性實在和尊嚴，是導人絕望的無為主義；認為存在主義只描述醜惡的事物而略去人性美麗光明的一面；等等。沙特說，曾有人告訴他，有一位夫人每次神經質地說了些粗話時就會表示抱歉地喊道：「我快要成為一個存在主義者了」。此外，沙特又指出：大多數使用「存在主義」這名詞的人，當別人問到他的意思時，會迷惑不知所答。「存在主義者」之稱號，很易就被加在某某畫家或某某音樂家的頭上。有一位《光明報》的專欄作者，甚至自己簽署為「存在主義者」哩。沙特表示：當這個名詞被廣泛地用在這麼多事物之上時，其實它已不再有任何意義可言了。[3]

究竟什麼是「作為一種哲學」的存在主義呢？

---

[2] Ibid.本書的引文，多取意譯的方式。

[3] J.P. Sartre, Existentialism Is a Humanism, in W. Kaufmann (ed.), Existentialism from Dostoevsky to Sartre (Ohio, 1956), pp.287-289.

二、存在主義的定義問題

「存在先於本質」[4]，沙特指出這是存在主義的要旨，是各家存在哲學的共同主張。這句話的確實意義又如何呢？「存在」、「本質」在哲學上甚至在日常生活上都是很普通的名詞，我們常常都會用到（例如說：「林黛玉並不存在」、「人的本質是善良的」）。沙特也表示，他的意思無非指「人首先存在著，面對自己，在世界中起伏不定——然後界定他自己。」[5]其含意是說如果沒有人存在，那麼，所謂人的客觀本質（即人之所以為人的「本性」，例如「理性」）是不存在的。簡言之，「存在先於本質」主要是指「人的存在先於他的客觀本質」，亦即是指「我們必須從主觀開始」。[6]

假使我們僅僅要求一些談話資料，作為應酬一般人問到「什麼是存在主義」時的口實，那麼以上的「淺介」會有一定的用處。但如果我們真想對存在主義的實質內容有所認識，則這種「淺介」是絕對不夠的，它太空泛了，所提供的關於存在主義的消息幾乎等於零。

以「存在先於本質」這句話作為存在主義的定義（即「界定」或「界說」）是不恰當的。因為它一方面太過寬鬆，另一方面卻又過於偏狹。說這個定義太過寬鬆，由於不一定只有存在主義者纔認為先有人存在然後有所謂人的本質，事實上，向有不少不算存在主

---

[4]　Sartre, loc, cit; p.289.

[5]　Ibid., p.290.

[6]　Ibid., p.289.

義者的哲學家也或明或暗地接受這個看法。至於說這個定義過於偏
狹，則由於沙特這句話在其上下文中主要跟無神論連在一起，含有
「沒有『作為上帝心中的觀念（本質）』來事先限定人的存在」這
樣的意思，而被一般學者認為是存在主義大師的祈克果、雅士培、
馬色爾等人都是有神論者，結果，這個定義即太偏狹，不能適用於
所有的存在主義哲學家。

其他人對存在主義的界定又如何呢？

看來，至今仍未有那一個定義是恰當完備。例如巴烈提（W.
Barrett）將存在主義描劃為某種對理性的反叛：反對啟蒙運動、反
對馬克思主義、反對實徵論、反對演繹的形上學等。但這種描劃最
多只有部分是對的，因為：例如沙特的社會哲學其實是啟蒙運動的
一種繼承，其道德哲學與英美分析哲學家的看法有不少相似之處，
他後期的著作又與馬克思主義很接近；至於祈克果，對蘇格拉底極
為尊崇；雅士培則對實徵論有相當程度的重視。[7]

本來，要說明什麼是存在主義，理論上至少可有兩種方式——
如果「存在主義」這一名稱已有大致公認的意思或「誰是存在主義
的代表者」這個問題已有大致公認的解答的話。第一種方式是將該
名稱的公認意思描述出來；第二種方式是將那些存在主義代表者的
思想之共同特徵抽出來陳述。如果我們能夠決定什麼是「存在主
義」，那麼我們就可能用這個定義作為標準來判定誰是存在主義
者。如果我們能夠決定誰是存在主義者，那麼我們亦可能通過考察

---

[7]　A. MacIntyre, "Existentialism" in D.J.O' Connor (ed.), A Critical History of
　　Western Philosophy (New York,1965), p.510.

他們的共同特徵來界定「存在主義」。

　　但現在的問題是：「存在主義」這名稱既未有公認的意思，「誰是存在主義的代表者」這問題亦沒有公認的說法。翻開論介存在主義的書冊（例如 H.J. Blackham, F.H. Heinemann, W. Barrett, J. Collins, W. Kaufmann 所寫的都算是著名的了[8]），我們會發覺其中幾乎沒有兩個作者對上述第一個問題的看法是相同的！至於第二個問題，可算大致上較有相同的說法。我們只說「大致上較有」，是由於對某幾個哲學家（祈克果、雅士培、海德格、沙特、馬色爾、尼采，尤其是前四家）之為存在主義代表者雖有大多數的承認，但對另外某些哲學家如卡繆（A. Camus）、波底葉夫（R. Berdyaev）、馬勞龐蒂（Merleau-Ponty）、卜巴（Martin Buber）等之是否為存在主義代表者則看法各有不同。此外，甚至有些人連蘇格拉底、奧古斯丁、多瑪士、巴斯噶、馬克思、杜斯妥也夫斯基、卡夫卡等人都算為存在主義者哩。[9]

　　看來我們較好的辦法只有將被較多人視為存在主義代表的祈克果、海德格等人的思想之共同特徵抽出來作為對「存在主義」的說明了，但這樣做至少仍有兩點困難。第一、正如卡柏蘭所說：「存

---

[8]　H.J. Blackham, Six Existentialist Thinkers; F.H. Heinemann, Existentialism and the Modern Predicament; J. Collins, The Existentialists: a Critical Study; W. Barrett, What is Existentialism; W. Kaufmann, "Existentialism from Dostoevsky to Sartre," loc.cit., pp.11-51.

[9]　例如 J. Maritain, Existence and the Existent 將多瑪士（Thomas Aquinas）算為存在主義者，D.E. Roberts, Existentialism and Religious Belief 將巴斯噶算為存在主義者，A.B. Fallico, Art and Existentialism 將馬克思算為存在主義者，Kaufmann, loc. cit., 將杜斯妥也夫斯基、卡夫卡等算為存在主義者。

在主義者不喜歡被認定為存在主義者」[10]，海德格、雅士培、和馬色爾都曾各自表示過：「我不是一個存在主義者」；而在祈克果和尼采的時代，更未有「存在主義」之名。第二、存在主義者都強調他們自己的思想之獨特處，而事實上被列為存在主義的各家思想，其相互之間的差異，是遠較其他同屬一派的各家思想之間的差異為大的。要勉強以一些簡單的「公式」把各家思想刻劃出來，結果很易就會跟其他的定義一樣——不是過寬就是過狹，甚至既在某方面過寬又在另方面過狹。

基於以上的討論，我們可以看出，如麥因泰爾（A. MacIntyre）說的：「討論存在主義因而必須多少有點專斷」[11]，因此，我們的討論方式是：先不理會海德格、雅士培等人否認他們自己為存在主義者，我們依據較為一般的說法，再加上自己的選擇，將幾個重要的「存在主義者」開列出來，然後逐個討論。相信以這種方式來介紹「強調具體、獨特，輕視抽象、概括」的存在主義，是較為貼切、較合存在主義者底原意的。描述（例如）邏輯實徵論時我們可以用一種概括的方式，將邏輯實徵論者大致共同的說法（例如檢證原則、情緒說等）陳述出來，而不去特別陳述個別的邏輯實徵論者。但要說明存在主義時，較佳的方式卻是逐個介紹。

---

[10] Kaplan, op. cit., p.99.

[11] MacIntyre, loc. cit., p.510.

三、存在主義的一些性質

通過以上的討論，我們可以看到，要為存在主義下一個嚴格而適當的「定義」，實際上是難以辦得到的。現在我們換一種方式，不是給存在主義下定義，而是將存在主義的一些性質抽選出來，在這裏先作一個簡介，藉此簡介我們可對存在主義的大概內容有一個粗略的認識。（要深入一些了解存在主義，我們還須逐一接觸存在主義各個代表的思想；以後的幾章就是為此而寫的。）

(1) 存在主義的哲學態度是投入的而不是旁觀的。

舉例來說，對於「人是自由的還是命定的」這個問題，如果我們以旁觀的態度來處理，那麼，通常我們會「冷靜地」、「客觀地」、「科學地」考察有什麼證據能夠支持自由之說或命定之說，又有什麼證據能夠反駁這些說法，這時我們的態度會像處理一條數學問題時的態度一樣，是漠然的。我們將這個問題看做一個具有一般性的理論問題，與我們（作為一個人的我們）並沒有什麼切身的關係。但另一方面，如果我們覺得這個問題與我們生命的價值或意義有不可分的關連，認為這個問題的解答對我們以後的生命方向具有關鍵性的作用，因此我們不能再以一種漠然的眼光來看這個問題，不能再以為無論這個問題的答案是什麼我們總會一樣照常地吃飯睡覺，這時，我們的態度就是一種投入的態度了。譬喻地說：通常當一個醫生檢驗一個他不認識的普通病人時，他的態度是旁觀的。反之，當他診視自己的妻子時，他的態度就會是投入的了。

(2) 存在主義者認為人與物有基本的分別：對於一個生物學家來說，「人」可以由一組生物特徵所界定；在解剖學的利刀之下，

一個人與一隻猴子如果還有什麼不同，那些不同只是物質性的不同，例如心臟的重量不同而已。就算從社會學家，從心理學家，從人類學家等人的立場看，人仍然只是生物的一「種」。至於物理學與化學，通過這些學科的觀點看時，人甚至不過是某型物質的組合。在這個層面，人與物在精神性方面的分別是無從顯露出來的，人之所以為人的尊嚴處更加無由得見。存在主義者則從另外的角度來看人與物的分別。他們表示，人固然不同於木石之類的物體，同時也跟蟲魚鳥獸有「基本的」不同。作為一個人，他要承擔起自己的過去，但同時又可以預期自己的將來，並且在當下抉擇自己的生命方向，使自己的生存成為真實的存在。存在主義者一致認為，人是自由的。例如人可以否定，可以說「不」（沙特）；人可以反叛，可以超越自己的命運（卡繆）；人可以自作主宰，可以自定價值的標準（尼采）。

(3) 存在主義不重視一般的人的共同性而重視個別的人的獨一性。

當我們說：「祈克果是丹麥人，他是一個哲學家，他終生獨身，他的個子並不高大，他的面孔並不英俊，他是一個基督徒，他……」這時我們所著眼的，是祈克果與其他一些人所共有的某些通性，因為「丹麥人」這個辭語並不能指出祈克果的獨一性，「哲學家」這個辭語也不能指出祈克果的獨一性，終生獨身也不是只有祈克果一人才可能這樣，個子並不高大、面孔並不英俊，這些性質很多人都具有，「基督徒」這名稱，亦可以指稱很多的人。反之，如果我們通過祈克果個人的歷史來認識他，認識到他不只是人這個類的一個分子，同時又是獨一無二的祈克果，那麼，在這裏我們的

著眼點就是個別的人的獨一性了。在日常生活中，有些時候我們也會感受到「重視個別的人的獨一性」這句話的真切意思。例如：假設我的朋友們都「僅僅」通過我可能與其他一些人相同的通性來認識我，譬如只說我是一個男人、一個中國人……結果，我是會覺得「不堪」的，因為我的朋友並沒有透過我的獨一性來認識我，並沒有基於「李天命就是李天命」這個意義來接觸我，於是我與他們其他的朋友就沒有基本上的分別，我只是他們的「朋友」之一，而被忽略了我是他們的朋友之中的「李天命」。在存在主義者看來，當一個人以「人這個類中的任一分子」這樣的身份在世界出現時，他就僅僅是「生存的」（merely living），而還未有「真實的存在」（authentic existence）；當一個人以「我就是我自己」這樣的身份在世界出現時，他就不僅是生存的，並且更是真實地存在的了。

第二章　祈克果

一、引　言

　　據說在西方有不少人看過沙特的戲劇，讀過他的小說和散文，就以為存在主義即是沙特個人的思想。羅拔茲（D.E. Roberts）在《存在主義與宗教信仰》（*Existentialism and Religious Belief*）一書中為此而指出：「無論如何，存在主義是作為一個誠懇的基督徒的思想模式而開始的」。[1]

　　存在主義的創始人是丹麥的祈克果（Soren Kierkegaard），這點在哲學界中大家公認。祈克果是一個虔誠的基督徒，對宗教性的精神生活有極深刻的體驗。筆者認為，祈克果對信仰的看法，不必限於基督徒的立場，甚至不必限於宗教徒的立場，即一般人也是可能與之發生共鳴的（也許這是因為筆者並非宗教徒故有此見吧）。祈克果對存在、個體、主體性、有限性、存在的情態（例如絕望）等的強調及其對理智、抽象、個人特性的削平等的批評，給以後的存在主義思想提供了最大的啟示。例如他認為「我們可以藉著把握

---

[1]　Roberts, Existentialism and Religious Belief (New York, 1959), p.3.

自己的存在而了解思想，但僅僅藉著思想卻永不能了解存在」[2]這種看法即成了以後各家存在主義的一個基本態度。

像尼采一樣，祈克果也是一個先知形態的哲學家。他在庸俗的教會思想和「削平主義」盛行的十九世紀中單獨地挺立起來，向世人宣示：抽象的「羣眾」是虛幻的，唯有具體的「個人」纔存在。他借用了蘇格拉底「產婆術」的方法，啟發人的自覺：自覺自己的存在、自己的主體性、自己的內在情意，自己底生命境界的跳躍……。他說：「在永恆裏，絕對沒有讓大眾來承當危險災禍之事；在永恆裏，每一個人，你和我，各以個人的身份而被審問，只問到關於各人自身與其一生中的各個行動。」[3]從這番話，我們可略見祈克果對個人存在的態度是怎樣的了。

在正式討論祈克果的思想之前，我們先述他的生平及著作如下：

祈克果於 1813 年在丹麥的哥本哈根出生。他是家庭中最小的一員，他的父親對他的管教是嚴厲的，祈克果對罪和懺悔的概念，即部分由他的父親而來（後來祈克果曾形容他父親對待他有如一種「精神的強姦」）。他父親的性格是陰鬱的，在退休的時間中對神學和哲學有相當的研究，這些對祈克果產生了一定的影響。十二歲那年，祈克果的一個叔父將他領去幫手業務。稍長，祈克果進入哥本哈根大學。在大學的期間，他的母親，一個哥哥和兩個姐姐都先

---

[2] Cf. J. Wild, Existence and the World of Freedom (New Jersey, 1963), p.20.這個刻劃很能概括祈克果的態度。

[3] Kierkegaard, Purity of Heart Is to Will One Thing。此處引自謝秉德譯的《祈克果的人生哲學》（輔僑），頁 358。

後逝世了。同時，祈克果亦與他父親分開，從其影響和支配下解放出來，得以自由享受社會性和理智性的學生生涯。到了二十五歲那年，才與他的父親言和，但不久他的父親就死了，留下一些遺產給他。

祈克果曾與一個名叫「麗堅娜」（Regina）的女子訂婚，但不久就跟她破裂了，傳說這是由於一種希望能夠征服麗堅娜的抗拒而產生的內在猶豫和偽裝所致的結果。之後，祈克果往柏林去，熱心地聽謝林（Schelling）關於黑格爾系統的演講。但很快就覺得不滿和失望而轉回丹麥。以後十五年中，他的主要工作就是寫作，結果，其一生的著作總數有二十部以上之多。

當祈克果略為人知時，隨之而來的卻是一個不好的聲名。他因一篇諷刺作品 "The Corsair"（〈私掠船〉）被哥本哈根的人嘲笑，認為他是一個怪人。且有人用一些不成理由的「證據」來斷定他是一個駝子！此外，祈克果又公開反對丹麥的教會權威，拒絕接受路德派一個牧師的「聖禮」。但這時已是他短短的生命的尾聲了。不久，他在哥本哈根的一間醫院中逝世，時維 1885 年，死時只四十二歲。[4]

祈克果生平有一個習慣是很有趣的，那就是喜歡站著憑高腳桌子來寫作。他好用不同的假名來發表。對於自己以前的作品，如果不喜歡的話，他常會用另一個假名來為文批評。這種做法究竟表示什麼，可有不同的解釋，我們亦不必在這裏推度評斷了。

[4]　H.J. Blackham, Six Existentialist Thinkers (London, 1961), pp.166-167; A. MacIntyre, "Existentialism," in D.J. O'Connor (ed.), A Critical History of Western Philosophy (Glencoe, 1964), p.509.

　　總括地說祈克果的一生，其社會生活是鬱鬱不得意的。他的性格孤僻，在學校時代即受同學歧視，自己亦感覺到是一個被人羣拋棄了出來的人。成年後更加顯得與世格格不入。社會的庸俗固令他深感不滿，而他對此的抨擊亦令得社會（尤其教會）方面生出很大的反感。

　　以下是祈克果的著作大概（所附年份以英譯版為據）：

Concluding Unscientific Postscript（1941）

Either / Or（1944）

The Present Age（1962）

The Point of View for My Work as an Author（1939）

Philosophical Fragments（1936）

Fear and Trembling（1941）

Stages on Life's Way（1940）

The Sickness Unto Death（1941）

The Concept of Dread（1944）

The Attack Upon "Christendom"（1944）

Works of Love（1946）

Training in Christianity（1941）

For Self-examination（1941）

Judge for Yourselves!（1941）

Thoughts of Crucial Situations in Human Life and Three Discourses on Imagined Situations（1941）

二、思想與熱情

> 我們這個時代，在本質上，乃是一個沒有熱情，只重理解和
> 思想的時代，有時亦發出熱忱，但轉眼又如黠鼠般歸於緘
> 默。[5]

這是祈克果在〈當前的時代〉（The Present Age）一文中開始就說的。他指出，在當前的時代，就算是僻靜地方的小康之家，一樣將精神消耗在盤算和計慮上，連青年和小孩也難免。中世紀的特色，是小孩也去當十字軍，但今天的特色，卻是小孩的心智早熟。在今天，連要自殺的人也不會爽快地殺掉自己，在自殺之前，他總是思前想後，算來算去，結果被思想堵塞得喘不過氣來。他的自殺應否被稱為「自殺」也成問題，其實，是他的思想要了他的命。如果說歐洲的革命時期是瘋狂的，那麼當代就是頹廢的。

祈克果認為，今日無論個人怎樣要發奮自強，但他的熱情總無法擺脫其思想的徘徊。他的周圍環境不但無助於他擺脫徬徨，反而告訴他：識相的最好袖手旁觀，不作一事！在當前的時代中這種變相的逃避，骨子裏是一種心力的懈怠。沒有熱情的人都因發現這種逃避方法而自我慶幸：這樣就更加聰明了！祈克果指出，革命的時代是一個行動的時代，我們的時代卻是一個廣告宣傳的時代。他說：「今日這個時代，反叛革命之事是最不可思議的。」[6]

5　Kierkegaard, The Present Age.同注 3，《祈克果的人生哲學》，頁 1。
6　同上，頁 3。

玩弄政治的政客，可以弄出一套與革命同樣引人注目的東西。他們可以草就一個宣言，建議民眾大會去決定一種革命行動（但其中措辭之小心，即使是政府方面的審查官也會准它出版）。在開會的時候，政客可以使得全體聽眾一致相信他們都已經反抗了。這樣的會開過之後，大家都安安靜靜地回家，以為他們已渡過了一個很有意義的晚上。另一方面，「那些輕描淡寫的叢書作家，他們只是隨便就把各種科學和整個生存體系的問題都解決了。」[7]至於真有宗教的出世精神、能克己無我的青年，在當前的時代是難得發現的。差不多每一個神學生都能做些引人注目的事，例如：成立一個拯救「罪人」的團體。祈克果指出：

今日只是一個還未有行動之先就已誇口的時代。[8]

基於以上所述，我們當可明白為什麼祈克果要說：「我們的時代全不知所謂行動或決心的意義。」[9]他指出，以前大家都認為人的成敗乃在乎他的行為；但今天卻剛剛相反，大家都袖手閒談，結果只是憑著一點想法（不是實際行動）就神氣起來了。既然沒有熱情，就無法體會任何具有情愛價值的事，無法體會政治上宗教上的肫誠，無法體會日常生活中的虔敬崇慕與家庭倫理。在一個沒有熱情的時代，沒有人知道價值是什麼，一切事物都變成了空念頭。今日的所謂英雄豪傑、所謂大情人、所謂思想家、所謂高傲之輩或絕望

7　同上。
8　同上。
9　同上，頁4。

之人，都不敢說他們親身經歷過其論調。幽默本是一種純真的感情，在冷冰冰的思想層面上我們無法感受到幽默。祈克果問，什麼比幽默更具創造性？但在當前這個玄想的時代，卻只有千篇一律的「幽默」，結果全令人厭惡。對於今日那種顛三倒四地製造幽默，將各種新舊幽默像商品般儲藏起來的情況，祈克果諷刺地說：「那才真是一個幽默時代的絕妙表現！」[10]

　　結果，在這個時代，沒有人能看見真正的價值。人們所愛的唯一事物就是金錢。金錢變成一切的抽象代表。即使是朝氣的少年，所羨慕的亦只是人的金錢。他也不會放蕩，臨死時也覺得對自己無可指責，而總以為他如果有錢的話，纔不虛度了一生。

　　總括地說，祈克果認為今日的時代（他原指十九世紀，但我們的二十世紀看來也無甚分別），是一個趨向於空念頭和抽象思想而輕忽了情意和具體行動的時代。將個人與個人之間的個性差別抹殺、削平的現象，就是在這種時代環境中產生的。「在一個熱情的時代是狂飇邁進，打倒舊的，建立新的，在興繼顛覆的過程中前進，但是那沒有熱忱的空想時代則適得其反：它阻止窒息一切行動，平夷一切……今日的平夷過程不是由一個人的行動而生，而是由一種抽象力所支配的空想作為。」[11]

　　以上我們僅從祈克果一篇批評時代的文章（〈當前的時代〉）來看他的思想方向，以下我們試就他的著作中最重要的兩部（《結論性的不科學的附篇》和《或此或彼》）來較詳細地討論他的哲學。

10　同上，頁 7。

11　同上，頁 15、17。

三、主觀的思想者·真理就是主體性

祈克果的全部著述在哲學方面的代表作是《結論性的不科學的附篇》（*Concluding Unscientific Postscript*）。這部書的中心概念，是「主觀的思者」（subjective thinker）。

一個主觀的思者是一個投入（involved）的思者，而不是採旁觀態度的客觀的思者。他的思想指向是要透入自己的內在意識中。這種思想是活動於熱情和熱切之中的。祈克果表示：

> 沒有熱情的真理交流，就像對一個過路人說話而沒有停止他。[12]

他說：

> 一個主觀的思者要有想像、感情、存在的內在性中的辯證（不是黑格爾式的理論的辯證），以及熱情。但熱情是最首要也是最終要；因為，在存在中思索存在，沒有熱情就不可能。存在含有劇烈的矛盾，主觀的思者毋須從中抽象出來，雖然，如果他要的話，他可以這樣做；但他的工作乃是留駐

---

[12] Cf. Kierkegaard, Concluding Unscientific Postscript (tran. D.F. Swenson; completed after his death and provided with introduction and notes by W. Lowrie; Princeton, 1941, 5th printing), pp.246-248.

其中。[13]

在一個主觀的思者看來，所謂客觀反省其實是一種理論的分割，竟然將反省的人（存在的個體）滑稽地忽略掉。這種客觀的反省，令得主體[14]成為偶有的，將主體的存在轉化為無關緊要的抽象項目。客觀的反省著重「什麼」（例如：那是什麼東西？），這是純理論方面的事；但主觀的思索則著重「如何」（例如：我如何真實地存在？），這是實踐方面的事。客觀真理指向「什麼」，指向那種在理論分離下可被觀察的客觀內容；主觀的真理則指向「如何」，指向主體的內在契合。祈克果強調地說：

　　真理就是主體性。[15]

這種真理是一種「對我為真」的真理，是一種為我所生活於其中、存在於其中的真理，而不僅僅是一種為我所佔有、為我所客觀觀察得的結果。

　　如果以西方傳統的觀點來衡量，則祈克果的說法是難以解釋的；但事實是，祈克果賦給「真理」一種新的意義。在他看來，真理（尤其是基督教的「真理」）乃是一種實踐的模式，一種存在的態度。這種「真理」是要我們通過自己的努力和投入才能夠把握得

13　Ibid., pp.312-313.

14　在本書中我們通常將「subject」譯為「主體」，「of subject」譯為「主體的」，「subjective」譯為「主觀的」，「subjectivity」譯為「主體性」。

15　Concluding Unscientific Postscript, p.169. & Cf. pp.181-182.

到的。社會的趨勢壓迫我們將自己的主體消溶在抽象的客體中（例如抽象的「國家」），但祈克果表示，如果我們要有真實的存在，我們非得把握自己的主體不可。

基於這種看法，黑格爾即成了祈克果頭號的批評對象。

祈克果認為，黑格爾哲學中那種理論化的、系統化的客觀反省，是對真理的一種幻想的歪曲，只是一種無相干的「巧妙的」系統而已。黑格爾看不見思想與實在的分別，以為思想就是實在，終於產生一種可笑的結果：他的系統將他自己的存在也一併排斥了。他以為自己是普遍抽象而超時間的範疇底一片段表現，因此迷失了真正的自己：那個個別的、具體的、具有時間性的、存在的自己。在祈克果看來，黑格爾派的哲學家是很滑稽的，他們雖然思想，卻不是作為一個真實的思想者而思想。黑格爾築起了一個輝煌的理智寶殿，但自己卻不能居住其中。在這種情況之下，主體只是偶然而有的，「客觀反省的方式令得主體成為偶然」，同時，作為主體性的真理，亦因而喪失了。

黑格爾將思想與實在等同為一的看法，早有笛卡兒為之舖路。於是，祈克果的批評，除了黑格爾之外，即落在笛卡兒的方面。[16]

笛卡兒有名句謂「我思，故我（存）在」。其中作為「我思」的主詞的「我」，或者是指一個特定的存在的個人，或者是指一個普遍的純粹的自我。如果是指一個特定的存在的個人，那麼，笛卡兒的名句其實沒有證明什麼，因為，當一個特定的存在的「我」正在思想時，當然是「我存在」，這有什麼稀奇。如果那個「我」是

---

[16]　Ibid., pp.267-282.

指一個普遍的純粹的自我，那麼，笛卡兒的名句中的「故」就沒有什麼意義，因為這時的「我」，只有純概念性的存在而沒有真實的存在。祈克果認為，當笛卡兒進行他那種方式的抽象思考時，他已經從自己的存在中抽離了出來，結果，他藉著「他思想」這個事實來證明他的存在，即成了一個矛盾。在祈克果看來，

　　　存在與不存在，唯有主觀的意義。[17]

他認為，真實的主體並不是笛卡兒式的認知主體，而是一個實踐的、投入的、「倫理地存在的主體。」[18]笛卡兒和黑格爾將認知和理性從具體的特殊存在中抽離出來，乃是一種錯誤。

　　雖然祈克果這麼強調主體性的真理，但他並不否認抽象的客觀思考亦有一定的價值，他只是認為這種思考無補於人類的處境，對人類自身漠不關心。然而，即使客觀如數學，其實亦是由人創造出來的。在這個意義下，祈克果表示，個人的存在是先於本質、先於客觀思考的抽象結果的。他指出，就讓科學處理植物、動物和星辰吧，但如果讓科學來處理人類的精神，卻是一種褻瀆。主觀的思考不將思想從存在抽離出來，他以思想來透入自己的主體中，從而在自己的存在中了解自己。主觀的思者一方面是一個在思想的人，同時又是一個存在的個體。

　　總括言之，祈克果並不反對思想，他只是堅持要將思想置回存

17　這是祈克果引莎士比亞的《漢姆雷特》的話，Cf. ibid., p.173。

18　Ibid; p.281.

在中去，認為從存在抽象出來是一種避重就輕的作為。

四、存在的特徵

在求透入自己的主體性，對自己的存在有所了解時，一個主觀的思者會發覺，他的存在有幾個特徵，那就是：

個體性、
變化、
時間、
死亡。

祈克果書中的主觀的思者，發覺在實在的領域中，只有個體（individual）是存在的。存在不離個體性。人的自己並不是一種普泛的（即一般的：general）人性。在實在的領域中，只有作為個體的一個個的人存在，並沒有一種「人性」的東西存在。在「類」或「種」之中，沒有存在的真實；存在的真實只在具體的個體中。所謂「普遍」（universals），正如「羣眾」一樣，既沒有手，亦沒有腳，只是抽象的產物。簡言之，「一個活生生的人即是一個存在的個體。」[19]

存在的第二點特徵是變化（becoming），祈克果指出：存在的個體永遠是在變化歷程中的。雖然黑格爾的辯證邏輯亦論及變化的

---

[19]　Ibid., p.109.

歷程（在那種歷程中對立者被綜合於更高的統一中），但祈克果認為黑格爾的說法是虛假的，因為他的說法不從具體存在的觀點來了解歷程。邏輯中的項目只是固定的非時間性的存有狀態，我們永不能藉此來把握變化的「存在的真實」。

「系統」和「完成」是兩個有緊密關連的概念，而存在卻永遠在變化的歷程中，永遠不會有所謂「完成」。因此，「存在的系統是不可能的。」[20]對一個在變化歷程中的存在個體言，不可能有「系統」這回事。

一個「個體」在變化的歷程中存在，是有時間性的，他必面對著自己的將來（future）。存在的第三個特徵，就是個體的時間。一個存在的個體或主體，其「時間」並不指一般的時間。即是說，並不指那種抽象、無盡的、通過客觀範疇而被空間化了的時間（我們可將此說與柏格森的「真時觀」比較[21]）。存在的主體所著重的，是他自己的內在經驗的時間。他具體地「生活」在時間之中，而不是抽象地「知道」時間。在他主觀的直接經驗中，他體認到他的生命是在時間中向著將來邁進的。祈克果認為：時間的各態（過去、現在、將來），以「將來」最重要。這種「將來」，是不定和不安之感的來源：「明天」可能奪去我在世上所有的財物而令我孑然一身。

主觀的思者因此而發現到生命內部的不確定性。

20　Ibid., p.107. & Cf. 107-113.

21　關於柏格森（H. Bergson）的「真時觀」，見他的《時間與自由意志》（Time and Free Will）。

死亡是生命的一種不確定。存在的第四個特徵，就是死亡。死亡是一種逼人的不確定，含藏於個人的存在中。主觀的思者看出死亡是一種內在的可能性，但一般人卻設法通過客觀的觀點來隱藏這種可能性，將它轉成一般性的東西。這是一種庸俗的做法。在主觀的思者看來，死亡不同一般的經驗事實，死亡實在是一種作為：它令得人的全部生命有所轉變，令得各人的生命有所不同[22]。由於死亡，於是生命中的每一個決定都有其獨特的重要性。死亡迫人，生命中每一時刻都可一不可再；每一個作決定的時刻，都是唯一無二的。

五、實踐與內在的抉擇

一個主觀的思者乃是一個存在的個體，在變化的歷程中，面對他的將來而自己決定（抉擇）自己的生命方向。由此我們可以看出主觀的思者是重實踐多於重理論的；具體點說，祈克果認為一個主觀的思者也就是一個倫理的（實踐的）思者，他承擔起自己作為個體的存在，視此為一種事業和責任，他在生命（變化的歷程）中面對將來而抉擇，藉以成就一個真實的自己。因此，他的人性並不是被賦與的，而是自己通過抉擇而得來的。

祈克果認為：人之可貴處，在於具有一種「或此或彼」（either

---

[22] 以上參照 Kierkegaard, Concluding Unscientific Postscript, pp.74-86, 147-152; F.N. Magill (ed.), Masterpieces of World Philosophy (London, 1963), pp.628-630.

/ or [23]，意指抉擇）。但這種「或此或彼」卻是黑格爾哲學所不過問的。在黑格爾那種非時間性的範疇中，抉擇的行為全無地位。祈克果表示：黑格爾之流的哲學將倫理學排出了系統之外，代之而來的，是一種世界歷史與特殊個體不分的混亂。客觀的系統，將個體都轉成了觀察者（漠不關心的旁觀者），但是，在祈克果看來，存在的個體除了是觀察者外，更是行動者，是抉擇他們底生命方向的行動者。一個行動者就是一個倫理的主體。祈克果說：

> 真實的主體不是認知的主體，因為，在認知中他在「可能」的層面遊移；真實的主體乃是倫理地存在的主體。[24]

倫理主體所實踐的抉擇行動（或行為），從祈克果的存在觀點看，是內在的行動而非外在的行動；倫理行為的判準，是內在的熱情而非外在的結果。於是，在這種意義之下，一個不名一文的窮漢也可以慷慨得像一個擁有一國而將之讓出來的人。

基督教的「聖經」中，有一個耶穌說的故事：

> 有一個人從耶路撒冷下耶利哥去，落在強盜手中，他們剝出他的衣裳，把他打個半死，就丟下他走了。偶然有一個祭司，從這條路下來；看見他就從那邊過去了。又有一個利未

---

[23] 祈克果除了 Concluding Unscientific Postscript 之外，最重要的一部哲學著作即為 Either / or。此書主要討論存在的境界，尤以感性階段及倫理階段這兩種境界佔甚多的討論篇幅。

[24] Kierkegaard, Concluding Unscientific Postscript, p.281.

人，來到這地方，看見他，也照樣從那邊過去了。惟有一個
撒馬利亞人，行路來到那裏；看見他就動了慈心，上前用油
和酒倒在他的傷處，包裹好了，扶他騎上自己的牲口，帶到
店裏去照應他。[25]

祈克果說：[26]「假設」那利未人（Livite）發現了那個陷身強盜中的
人之後，其實是內在地（內心中）要幫助該受難者的，但卻害怕強
盜可能就在附近，因而急急走開了。結果是，這利未人沒有實踐他
要實踐的行為，沒有給予受難者任何幫助。但，離開了受難者之
後，這利未人卻悔恨起來，終於又急急趕回原處。然而他來遲了，
一個撒馬利亞人已經救走了那遇盜者。難道這一連串的事件就表示
這利未人沒有實踐到他要實踐的行為嗎？祈克果認為：在一種「內
在抉擇」的意義下，這利未人其實是實踐了，雖然他的行為沒有外
在的表現。由此可見，祈克果是重視內心態度多於重視表面作為
的。

六、問題的問題

祈克果的著作，數量驚人，但其用心卻很單純：目的只在將基
督教的真正特性以及將成為基督徒的真正意義用反省的辭語表示出
來。這不能算是一個哲學系統，但卻不失為一種有系統的工作。事

---

[25] Bible: The New Testament (The Bible Societies in Hong Kong, 1964 中譯),
   Luke, 10:30-34.

[26] 祈克果以 Climacus 的名義說。

實上，祈克果一直就反對哲學系統的建立。在他看來，任何系統都是理智的產物，其內容是空洞的。雖然他承認「實在」本身就是一個系統，但這只對上帝而言才成立。「上帝」是祈克果心中最高的理想所在。他是一個虔誠的基督徒，曾表示在他的哲學中有一個「問題的問題」（即最根本的問題），那就是：

　　我如何成為一個基督徒？（How I can become a Christian?）[27]

祈克果認為：基督教有兩種強大的敵人：一種是沒有反省的「教堂參加者」；另一種是黑格爾學派。

　　當聽到他們一定要學習如何成為一個基督徒時，沒有反省的教堂參加者會震驚非常，因為他們以為，由於他們本就生活在基督教的社會中，故他們一向就「已經是」基督徒了。他們不是以自己的抉擇，而是以「良好公民」的資格，而成為「基督徒」的。這種人，如果在不同的環境中，是很可能成為回教徒，或印度教徒……的。祈克果認為：這種人的「基督性」被物化了，他們的宗教變成了功用性的宗教。另一方面，黑格爾學派則將哲學物化。他們自以為可以裁決哲學。其實他們的哲學只是空洞的系統，而不是作為一個「獨立個體」的哲學家底奮鬥成果。以祈克果的觀點看，通過黑格爾式的哲學是無法得見基督教之真義的。

　　祈克果認為：道成肉身的上帝，是基督教的一個「吊詭」

---

[27]　祈克果常表示他「自始至終都是一個宗教作者」，又：參考 Concluding Unscientific Postscript, pp.545-550.

（「弔詭」一辭在此絕無貶抑之意）。他說：「當永恆的真理與一個存在的個體關連起來時即成為一個弔詭。」[28]這個弔詭是玄想哲學所無法解決的。黑格爾對基督教理性化，只是遠離實在的做法。面臨這種弔詭，我們的導師是我們自己那種深刻的絕望之感。

　　一般的俗人只求逃避絕望，他們表示從不關心永恆的事，表示他們相信自己是短暫的。結果他們變得瑣屑、心眼小，和只重實際、只重感性，成為一班「庸俗的市儈」。祈克果認為：要成為一個真正的基督徒，絕望是重要的因素。在絕望之中，我們會經驗到希望的失落。在絕望之中，我們會體認到：要找尋失落的自己，我們既不能求諸粗淺的感性，亦不能求諸抽象的玄想。在破碎的感性生活中我們會絕望，但亦由於絕望，我們能體認到感性存在的破碎，終而回歸自己之內。祈克果表示，希望成為真正基督徒的人，因面對自己的絕望，正視絕望所含的重大意義，終能認識自己。簡言之，在祈克果的哲學中，絕望是進入真正的基督徒境界的踏腳石。[29]

七、感性階段（人生三境界之一）

　　祈克果的「人生三境界」之說，可看作他對「我如何成為一個基督徒」這問題的解答。

　　祈克果認為：人生的提昇過程，可分為三個階段（這不等於說

---

[28]　Ibid., p.187.

[29]　Ibid., pp.178-224. & Cf. J. Passmore, A Hundred Years of Philosophy, Ch.XIX.

每人的一生皆會經歷三階段，事實上，有些人可能一生都留在（例如）第一階段中）。一個階段就是一個修養的境界或存在的境界。究竟人生的三境界是什麼呢？祈克果指出：

> 第一個境界是「感性階段」（aesthetical stage）[30]；
> 第二個境界是「倫理階段」（ethical stage）；
> 第三個境界是「宗教階段」（religious stage）。

感性階段是一個試驗性的階段。在這階段中的人士（感性者），只對各種可能性作試探，而不會遽下決心、將自己投入、從而作出熱情的抉擇。他們只會以思想來作試驗，但卻不會將自己委諸實際的行動；他們只試驗愛情，但卻不會將自己投入婚姻之中；他們會以引誘異性的技巧來作試驗，但卻不會嚴肅地承諾。在一個「感性者」看來，異性對於他，都是「無甚分別」的一個「異性」而已。他們沒有熱切，沒有內在。簡言之，「感性者」的主體性是空的。感性階段的明顯標記就是：在這階段的人們，總逃避抉擇的責任。
　　感性的存在有兩種表現：一種是浪漫的享樂主義；另一種是抽

30　有些中譯者誤將祈克果在此的「aesthetical」一字譯為「美感的」或「審美的」。指美感或審美，固然是這個字在平時的用法，但這個字在哲學中又常常用來表示感性，例如康德的《純粹理性批評》一書中的「aesthetic」即已公認地中譯為「感性（論）」。在本書，我們依祈克果的意思將「aesthetical」譯為「感性的」。見 R. Bretall: "S.K. (即 Soren Kierkgeaard) uses the word "aesthetic" in its etymological sense of feeling." (Bretall, ed., A Kierkeaard Anthology, p.XXII)。

象的理智主義。對享樂主義者與理智主義者而言，「投入」及「內在的存在」都是偶然的，都是無關緊要的。

上述那種「感性的情人」，他們對愛情的態度，就是基於享樂主義的原則而來的。該項原則認為：感性的享樂是生命的唯一目的。要達到這種享樂，身體的美麗及健康是必要的內在條件；必要的外在條件則為高位、財富、名譽等。然而，在祈克果看來，這些條件對一個投入於實踐中的生命來說，並無動人之處。這種投入於實踐中的生命形態，又正是「感性的情人」所求避免的。此等人士只活在一種「情慾的目前」之中。這種目前的時刻很快就會過去，於是，「感性的情人」又要在一種新的慾望之下掙扎追求了。因此，這種人的生命即為破碎的，沒有一貫，只是「見一日過一日」地，將自己迷失在目前的時刻中，將過去與將來都忘掉。

浪漫的享樂主義者迷失自己，玄想的理智主義者亦然。前者失落在情慾的「現在」之中，後者則在自己的思想中失落。二者的共同特徵是：逃避抉擇的責任，只在各種可能性之間遊移不定，而不能實踐地躍進真實的存在之內。

理智主義者是一個旁觀者，他只觀察，但不實行。他通過邏輯的範疇來看「實在」，在其系統中，具體地存在的主體，是全無地位、無關重要的。正如對享樂主義者來說每一個異性都是一個無甚分別的異性一樣，對理智主義者來說，所有「實在」都是一般性的範疇。簡言之，理智主義者將存在化約為思想，取觀察而捨實踐的投入。

感性形態的存在，會把人帶到煩悶、憂鬱及絕望之中。我們先說煩悶。

　　祈克果分開兩型不同的煩悶。第一型是指向一些個別對象的煩悶；例如一本書、一個朋友、一次交談，皆可成為這種煩悶的對象。第二型的煩悶，並無特定的對象，在這種煩悶中的人，只是自己在煩悶而已。第一型的煩悶是一個表面的現象，這種煩悶仍未能將人的真正處境呈露出來。第二型的煩悶則是真正的煩悶，在這種煩悶之中，人會面對一種無可名狀的空虛，這種空虛對生命有一種「意義失落」的威脅。第二型的煩悶，能引起人對自己的生命處境有一定程度的自覺。

　　無可名狀的空虛是「真正的」煩悶之特色，同時，亦是人的憂鬱之特色。

　　憂鬱是一種「精神的歇斯底里亞」（hysteria），將空虛及無意義呈現在人的面前，使人看見自己的存在是怎樣破碎和不安。但大多數在憂鬱中的人們，卻不會承認自己的存在之破碎和不安。他們拒絕接受自己的處境，儘量想法通過各種分心的活動來隱藏之。但事實上，在其內心的深處，享樂主義者及理智主義者俱感受到憂鬱所生的重力壓迫。然而，當我們問憂鬱的感性者究被何物所壓迫時，他們多會這樣回答：

　　「我不知道，我自己也無法解釋呀！」

　　為要逃避煩悶，逃避憂鬱，一般人的方法是：通過分心（分散注意）來逃避自己。人對鄉村的生活覺得煩悶，於是搬到城市；人對城市甚至自己的國土感到煩悶，於是旅遊外地；人再對外地發生煩悶，終而不停地遊歷，不停地走來走去。對憂鬱亦然。人覺得憂鬱，於是尋求歡樂（其內藏的目的是要分散自己的心）。但對特定的某種歡樂很快就會覺得無味，於是追求新的刺激、新的歡樂，以

滿足不息的慾望。只有在歡樂之中，他才有「安息」。但感性的歡樂是暫時的，於是人很快又再陷入憂鬱之中。結果只有儘量製造新的慾望，追求新的享樂；而這是沒有止境的。

最後，感性階段的人唯有面臨空虛和無意義。[31]

空虛與無意義之最強烈的表現，是絕望。絕望是感性存在的最高峯。

因為分心實非長久之計，我們終會發覺它不能給人的內心以真的滿足，於是感性者絕望了，在絕望中，他體驗到希望之落空。這時，感性階段的人即體驗到：他不能向外追求真正的自己，在這方面，享樂與玄想都是無能為力的，他只有自外轉內，在自己的內部找尋真正的自己。換言之，人要找尋真正的自己，則人要回歸自己的內在性或主體性中。他須要向熱切、向熱情、向抉擇、向投入、向內在的自由而回歸。只有這樣的實踐，人才能夠由破碎分散的存在中躍起，成為一個統一的自己。

八、倫理階段（人生三境界之二）

人生境界的第二階段是倫理階段。由上節我們可看出，「絕望」這種情態，在祈克果關於人生境界的說法中，佔有一個非常重要的地位。絕望一方面是感性存在的一個特色，另一方面又是個人由感性階段超升到（躍進）高一級的倫理階段之通道。倫理的存在是一種真實的存在。故通過絕望，人可以由破碎的存在躍進真實的

31　祈克果在這裏舉了尼羅（Nero）為範例。

存在中。這時，人的自己是一個統一的自己。所謂倫理階段，就是一個抉擇和投入實踐的階段。無論是誰，在自我抉擇之前，是一無所有的。抉擇可使人從感覺的享樂主義及抽象的理智主義中解脫出來、從而發現真正的自己。

通過抉擇與實踐的投入，自我就統一起來，集中起來。在感性階段中的人，常是「自我中心」的。但這種「中心」，如上所見，只是向外求得的。在倫理階段中的人，其集中與統一卻與此不同：他們的中心在自己之內，他們的生命是以「在自己之內的中心」來得到集中及統一的。

有一點須要留意的是：倫理自我之統一，不是膠固在某種「持久的基層實體」（某些傳統哲學中的「自我」）之中的統一。倫理自我不是一個對象，不是一個可被抽象地界定為具有不變的本性的對象。這種實體化的對象，在祈克果看來，只是傳統的抽象思考之人為的結果。祈克果認為我們當由實踐和抉擇來體認真正的自己。

沒有自由，即無所謂抉擇不抉擇。有抉擇，即有自由。自由就是一種 either / or（或此或彼）。依據祈克果，這是人所能夠擁有的最大的快樂。人生所以要奮鬥，為的就是自由。與自由比較，世間一切所謂寶貴的事物會立即失色。祈克果認為自由非從外鑠，在內在的自己之中，本來就有自由。

祈克果向以蘇格拉底為哲學家的典範，這種認為「自由是內在本有」的看法，與蘇格拉底喚醒人去尋求「自知」的工作是很相似的。祈克果所要喚醒的對象，是感性階段中的人們，叫他們自覺自己內在的自由。人是自由的，不應為外在的事物所束縛。蘇格拉底的「知道你自己」與祈克果的「抉擇你自己」，可說是互相輝映的

兩種智慧。「知道你自己」的「知道」，在蘇格拉底的哲學中，基本上是一種倫理的知識，而倫理的知識又是只有通過實踐的抉擇才能夠達到的。在抉擇的行動中，自己的真貌即清楚地呈現出來。

祈克果在《或此或彼》一書中塑造一個人物（他名之為「威廉」）來作為在倫理階段中的範例。威廉是一個已婚的男人，他剛好與感性階段中的「誘惑者」相對。誘惑者只以浪漫的愛情作各種試驗，而沒有投入；威廉卻是一個懂得夫婦之愛，且投入其中的人。浪漫的愛情與夫婦之愛，可看作區分「感性者」與「倫理者」的兩種存在性質。前者只有試驗性而沒有連貫的歷史性，後者才有一種恆常、穩固的歷史。「感性的情人」對異性作引誘，在引誘的時刻過後，就什麼也過去了。於是，引誘的時刻終成一段抽象的（與其他時刻無甚分別的）過往。祈克果認為：這種過往只有作為憂鬱的回憶之對象，才有所謂意義！浪漫的享樂主義者只會生活在一串分離的「現在」之中，而每一個「現在」都是一現即逝的，成為過去，再也沒有存在的重要性。對一個感性者而言，只有「現在」才真實，他所著意的，也只是現在。他看不見「過去」的存在意義，也從不會真實地面對將來。浪漫的愛情因而是不會重現，不會亙古常新的。

至於夫婦之愛，與浪漫的愛情有很大的分別。夫婦之愛是可重現的、是亙古常新的。祈克果認為理想的丈夫是一個能夠每日重現他的愛情的丈夫。懂得夫婦之愛的已婚者，一方面懷有過往，一方面參預將來，一方面更承擔起其每天的任務和抉擇：這些是以其統一的自己為背景來進行的。通過統一的自己，夫婦之愛之為恆常而連貫即可能實現。

討論到這裏，我們或許會以為夫婦之愛與浪漫之愛情是絕對分離、互不相涉的。但其實祈克果並無此意，反之，在他的說法中，夫婦之愛是藉抉擇和投入而由浪漫的愛情昇華而成的。享樂主義者將感性絕對化，以為感性有存在的自足性；「倫理者」則藉著抉擇和投入實踐，把感性的絕對性除開，而給感性以一種相對的（不自足的）地位。在倫理的階段中，浪漫的愛情被視為不自足的，要經過超升才可以成為婚姻。

基於以上所述，我們可看出，抉擇（其實已含有投入實踐的成分）是令得我們進入倫理階段的決定因素。什麼是抉擇的標準呢？祈克果指出，抉擇的標準是「內在性」（inwardness 即心性）。一個真實的抉擇，有存在意義的抉擇，是要「內在地」在熱切和熱情中成就的。因此，抉擇的方式較抉擇的外在結果更為重要。這即是說，「如何抉擇」較「抉擇什麼」更為重要。一般所謂「正確的抉擇」，是根據外在的標準而來的；但祈克果更重視抉擇者的內心有沒有熱切和熱情。真正的倫理行為不在於依從什麼「誡律」或「道德指南」之類的抽象規條，而在於內在德性的自知和實踐的投入。

九、宗教階段（人生三境界之三）

從倫理階段再進一層，即為宗教階段。這兩個階段的關係，在祈克果看來，較倫理階段與感性階段間的關係更為密切，二者甚至有時被合稱為：

「倫理——宗教」境界。

其間些微的不同是：在前者（倫理階段）之中的人格統一，只基於

抉擇和投入，而且這種統一被認為是最高和獨立自足的；但在後者
（宗教階段）之中的人格統一，除了基於抉擇和投入外，更加上要
接受上帝的意志。因此，在這階段中的人格統一，被認為是要基於
宗教行為的。

祈克果認為：基督教對教徒的要求，與通常的社會倫理對一般
人的要求，二者並非完全一樣。他曾在《害怕與顫慄》（*Fear and
Trembling*）一書中舉出一個例子來說明這點。基督教聖經的舊約有
一個關於亞伯拉罕（Abraham）的故事：

> 上帝要試探亞伯拉罕，對他說：「亞伯拉罕，注意，我在這
> 裏。現在帶你唯一的愛子以撒去摩里亞山地，將他燒了來獻
> 祭，地點是哪一個山我將會指示你。」亞伯拉罕一早起了
> 床，將驢子的鞍裝好，帶了他的兒子以撒及兩個年輕的隨
> 從，再劈些用作燒祭的木材，然後出發到上帝指定他的地方
> 去。[32]

從以上的故事我們可以看出，雖然亞伯拉罕順從了上帝，但他
其實是處於一種兩難之中的：或者遵守「不可謀殺」的倫理規條而
違背上帝的命令，或者遵從上帝的命令將兒子以撒犧牲來祭神而違
背倫理規條；他要抉擇，二者不可兼得。在這裏祈克果即表示了倫
理階段與宗教階段間可能的不同：宗教性的實踐有時會要求一個人

---

[32] Bible: Old Testament, Genesis, 22:1-3.關於祈克果對這種事的按語，可參考
他的 Fear and Trembling (Princetion, 1941), pp.9-30.

將其倫理性的實踐擱置；在宗教階段中的人，有時會面對「棄聖（holy）而取善（good）」的引誘。

於是，在祈克果看來，宗教上的「罪業」（sin），不能僅以倫理上「罪惡」概念來解釋。換言之，宗教上的犯罪（to sin），不一定就是違背了什麼道德規條，而是違背上帝。

倫理規範（即道德規條）是不足以建立「神──人」關係的，「神──人」關係是一種具有熱情和內在性的關係。只有當一個人真切地體會到這種關係時，他才會進到宗教的階段。[33]

宗教階段的決定因素，是「受苦」（suffering）。這種受苦，祈克果的意思是指宗教性的受苦。因此，我們不要將它與其他意義的受苦混淆不分。肉體感覺上的受苦、抽象思考時的受苦、倫理規範中的受苦，都不等於宗教性的受苦。在感性階段與倫理階段中，是看不見宗教階段中受苦之真義的。祈克果認為宗教性的受苦實是「神──人」關係中內在性的一種表現。[34]

十、按　語

以上我們將祈克果的「三境界」說討論過了，關於這種說法，我們有兩點補充：

---

[33] 祈克果更進而區分 A、B 兩種型態的宗教，見 Concluding Unscientific Postscript, pp.493-519.

[34] 以上參考 Kierkegaard. Either / Or, tran, D.F. Swenson, L.M. Swenson, & W. Lowrie, in R. Bretall (ed.), A Kierkegaard Anthology (New York, 1946, 1951), pp.36-108; & Magill (ed.), op. cit., pp.613-619, 630-633.

(1) 感性、倫理與宗教三種階段，是三種生命境界，而不是時間上的三個時期。換言之，這三種階段並不是在時間上一個接著一個的三個分段，而是存在的不同境界。它們可能在同一人格內各佔一席位。有時我們可能升到倫理階段或宗教階段，但卻不是「一入此等階段即永在此等階段」，有時我們是可能從倫理或宗教的階段掉回感性階段去的。此外，一生都只在感性階段中而從沒有超升過也是可能的。

(2) 例如從感性階段到倫理階段，或從倫理階段到宗教階段，這種階段與階段之間的過渡，依祈克果的意思，是一種「跳躍」（leap）的超升，而不是一種可用理由來解釋的程序。每一種跳躍之後，我們都會有一種嶄新的方式來看世界。只有通過跳躍，我們才能夠了解人類的處境，並且發現真正的自己。

第三章　尼　采

一、引　言

在上一章我們將存在主義第一位奠基者祈克果的基本思想討論過了，現在我們要介紹的，是存在主義次一位奠基者尼采的思想大概。

祈克果是一個極度虔誠的基督徒，尼采卻是一個極端的無神論者，祈克果的中心問題是：「我如何能成為一個基督徒？」尼采的中心問題則是：

　　我如何作為一個無神論者而存在？

雅士培極為推崇祈克果和尼采，他在《理性與實存》（*Reason and Existenz*）一書中表示，將哲學看作一種基於「態度的」而非「學說的」方式來展示「實存」的工作，是由祈克果和尼采奠定的。[1]但正如達哥提爾（J. de Gaultier）在《從康德到尼采》（*From*

1　參看本書第九章。

Kant to Nietzsche）一書中所指出，有些專門性的或職業性的哲學學者卻否認尼采是一個哲學家。為什麼要這樣否認呢？其中一個很大的原因是，尼采的哲學沒有系統性，且常以文學的方式來表達其思想。我們不在這裏討論尼采究竟算不算哲學家，因為這個問題多少是一種對「哲學家」這個名詞的定義問題，沒有什麼基本的重要性。總之，我們可以由此想到尼采的哲學與一般「正統的」哲學理論會有甚大的不同。達哥提爾即說：「在康德進行演繹之處，尼采則以一種直接的眼光來進行沉思」。[2]

由於尼采這種哲學態度，後人對其思想的解釋就難以一致。雅士培在一本論介尼采的書（*Nietzsche; An Introduction to the Understanding of His Philosophical Activity*）[3]中說，對尼采思想的了解，有賴於解釋者本人的性格；在尼采看來，「一個人的了解方式，可展示出他是那一種人。」[4]而尼采亦不要信從者。要成為他的「門徒」是錯誤的。他「自始至終都是一個『先知』，且不像其他的先知，他將每一個人引到他們自己的方面去。」[5]以此之故，以下對尼采的介紹，亦只能是尼采思想的某一種解釋，我們僅宜於以此解釋為某一角度的提示，然後自行閱讀他的著作，自行與他的精神相往來。

---

[2] J. de Gaultier, From Kant to Nietzsche,tran. G. M. Spring (New York, 1961), pp.213-214.

[3] K. Jaspers, Nietzsche: an Introduction to the Understanding of His Philosophical Activity (Tucson, 1965), p.18.

[4] Ibid.

[5] Ibid., p.21.

　　尼采於 1844 年在德國的洛根（Röcken）出生，但他不喜歡自己的德國血統，寧願做一個波蘭（而且是貴族）的後裔。他的書即常有反德的意味。他的父親是一個路德派的牧師，當尼采四歲時即去世。尼采先後在波恩（Bonn）和來比錫接受古典哲學的訓練，他的教授里曹（F. Ritschl）對他很賞識。

　　由於里曹的極力推薦，尼采在 1869 年得到巴蘇（Basle）大學的教授職。這時他只有二十五歲，故被目為一個大有希望的青年。在巴蘇教學的期間，尼采結識了大音樂家華格納，認為華格納是德國文化可以藉之而達到「悲劇性的偉大的高峯」的具體媒介。不久，尼采入籍瑞士，同時在學校方面被升為正教授。

　　1870 年，在普法戰爭中，尼采曾有一段短期的軍中服役，擔當一個普魯士方面的醫事勤務兵之職，以胸部受到嚴重的創傷而結束。隨後，尼采澈底認清了華格納的為人，認為他實不足以對德國人的生命有何重要的影響，終與他破裂。

　　1878 年，尼采以健康太差而辭去教授的工作，此後他所渡過的，是一段愈來愈孤獨，愈來愈受挫折的生涯，一面看護自己被創傷了的身體，一面艱苦地創作。唯一堪以告慰的是，在此後十年間（1878-1888），他重要的著作都寫出來了，其中包括其代表作《查拉圖士特拉如是說》（*Thus Spoke Zarathustra*）。

　　在 1882 年間，尼采曾跟一個名為「Lou Andreas Salomé」（莎樂美）的女子往來。莎樂美是一個有精神上的冒險性格的女人。尼采醉心於她，卻是毫無結果。據說尼采對異性是沒有吸引力的，其獨身生活乃出於無奈。雖然他曾向相當多不同的女人求過婚，但每次得回的都是拒絕。

　　相信是由於生活上的挫折及戰時的身體創傷，1889 年 1 月，尼采不幸地開始神經失常了。

　　在以後的日子中，尼采主要由他的一個姐妹照顧。他以後之所以能夠出名，且被人目為先知和哲人，亦要歸功於他這個姐妹。她將尼采的作品編輯起來出版，且將她自己的地位建立起來，以一個「解釋尼采的權威」的姿態出現（這種權威在今天沒有幾個學者會承認）。但這樣出版的尼采著作，其中有不少地方是以她自己的意思來進行修改、刪節和重新編排的。這種不尊重作者原意之處，與令得那些作品得以傳諸後世之處相較起來，使人難以評斷其中的功過。

　　總括地看尼采的一生，可說是屬於一種悲劇型態的一生。無論在身體或感情方面，他都受過很大的痛苦。當他的作品開始被人所知時（G. Brandes 於 1888 年在丹麥講授尼采哲學），他本人卻開始神經失常了。而在他還是正常的期間，雖有一些（極少的一些）人談過他的著作，但這些人的閱讀結果大都只是輕視和誤解而已。從尼采的著作來看，我們很易會以為他是一個粗暴、殘忍、好勇鬥狠、頑強自用的人，但其實，據說尼采一些兒也不殘暴，反之，他是一個很「溫雅」的人，性情和藹，對人體貼且有禮貌，更具有令人得到開解的幽默感。[6]

　　以下是尼采的著作大概：

The Birth of Tragedy out of the Spirit of Music（1872）

6　H. J. Blackham, Six Existentialist Thinkers (London, 1961), p.167; A. Danto, "Nietzsche", in D.J. O'Connor (ed.), A Critical History of Western Philosophy (Glencoe, 1964), pp.384-385.

David Strauss: Confessor and Scribber（1873）

On the Utility and Disutility of History for Life（1873）

Schopenhauer as Educator（1874）

Richard Wagner at Bayreuth（1876）

以上四部屬於同一系列，名為「Thoughts out of Season」。

Human, All-Too-Human（1878）

Mixed Opinions and Sayings（1879）

The Wanderer and His Shadows（1880）

以上兩文是作為 Human-All-Too-Human 的附篇而寫的。

The Gray Science（1882）

Thus Spoke Zarathustra（1883-1885）（Cf. Magill, op. cit.）

Beyond Good aud Evil（1886）

Genealogy of Morals（1887）

The Wagner Case（1888）

Twilight of the Idols（1889）

The Swtichrist and Nietzsche contra Wagner（1895）

Ecce Homo（直到 1908 才出版）

The Will to Power（由他的姐妹輯成，在他死後一年出版。）

二、上帝死了

「上帝死了！上帝死了！」[7]這是尼采哲學中的基本斷言。

---

[7] 這種話在尼采的哲學中常有出現。例如Thus Spake Zarathustra, Prologue, §2。

　　上帝是怎樣死的呢？對這個問題，尼采並沒有提出什麼「合理的證據」（他根本就輕視理性），他只提出一些寓言來說明。「上帝之死，有各種不同的死法。」[8]其中一個極有趣的死法是：上帝是笑死的。有一次，在一羣天神中，有一個出來宣稱說：只有一位上帝。這位天神之所以這樣說，乃出於嫉妒。嫉妒令得他再無資格作為天神，他那句不應出自一個天神之口的話語令得他失去了神性。而其他的神，由於這句「大失身份」的話而覺得好笑，終於笑死了！

　　尼采這種說法，是一種文學式的諷刺說法；其實他的真意是認為上帝根本就是沒有的。既然根本沒有上帝，那麼，當世人漸漸失去對上帝的信仰，當教會的理想在人心的地位漸漸動搖甚至破滅時，尼采即出來宣佈「上帝死了」。以為有上帝存在，只是弱者的哲學，將無法解答的理論問題、無法解決的實踐問題，都一併推給一個由想像所生的概念：「上帝」（神）。在尼采看來，所謂「來生論」實是痛苦虛弱的人的論調。他們的思想太疲乏了，不願再期望什麼，於是想一躍而到終點（可資休息之處），這就造成所謂神和鬼的世界。有神論者一般都認為人是上帝造的，但尼采則倒過來認為上帝是人造的。人為逃避困難、逃避現實而假造一個上帝出來以資應付。

　　人不是上帝造的，那麼，人是從何而來的呢？尼采說人是從猴子變成的，但到目前為止，人仍然跟猴子沒有多大分別，因為人還沒有真正的長進。

8　Ibid, Pt, III, §52, Sec.2。在此有關於上帝笑死的故事。

　　人之所以沒有真正的長進，尼采認為：那是由於弱者的思想和習性使然。什麼來生之說、天堂之說、救贖之說，諸如此類的思想，都是遺害世人，令得世人更趨軟弱的毒素。其中尤以基督教為然。神學家利用人類潛意識中多少具有的自暴自棄心理，塑造「原罪」（original sin）的觀念，令得人自輕自責，生活在一種缺憾的心理壓迫下，然後再說上帝是博愛的，無論貧富貴賤義人罪人，皆可蒙受上帝的慈惠救贖，人於是覺得感激涕零，終而將一切行為都依順所謂「神」的誡律或教訓，遂養成一種弱者的倚賴習性。「神愛世人，甚至將祂的獨生子，賜給他們，叫一切信祂的，不致滅亡，反得永生」。[9]這番話對神學家而言，是金句、是福音；但對尼采而言，則不過是謊話而已。總之，在尼采看來，基督教的理想是違反生命、「與生命的基本預設敵對」的。[10]至於其他的宗教，尼采同樣取一種否定的態度。不過他對基督教的批評則是最激烈、最不留餘地的。

　　「沒有上帝」的後果是什麼呢？

　　尼采指出，人在世界中是孤獨的[11]，他的命運只操在自己的手上。他無法期望有一個「來生」能對他現世的生命提供任何補充。他只得「自我塑造」。所謂「上天的力量」只是一個虛幻，因而祈求即變得多餘。與其設想上帝，不如設想超人（後者總是人，是可能的，前者卻根本就不可能）。

---

[9]　Bible: New Testament, John, 3:16.

[10]　Nietzsche, The Genealogy of Morals, Pt.III, §28.

[11]　例如查拉圖士特拉在深山中隱居十年，只有一鷹一蛇為伴，可說就是一種孤獨的象徵。見：Thus Spake Zarathustra, Prologue, §1。

三、超 人

現在的問題是：「我如何作為一個無神論者而存在？」尼采關於「超人」（Super man）的說法，可看作對此問題的解答。他沒有給「超人」下一種嚴格的界定，因此我們只能通過他對超人所作的文學式的描述及其對弱者或庸人所作的批評來拱托出「超人」的意義。

尼采指出：有一千個人就有一千個目標，而沒有唯一的統一目標，這等於說，「人類仍未有目標。」[12]在查拉圖士特拉看來，他的工作就是提供這個「唯一的目標」給人類，而「超人」之說，目的即在於此。

尼采藉查拉圖士特拉之口這樣說：「看哪！我講關於超人給你們知！超人乃大地之意義。」[13]但一般人都是凡庸的，他們沒有自由的精神，沒有充分發揮自己的意志、欲望、愛……他們寧願相信神話，而不敢面對現實，好像演員一樣接受由他人所分配的角色，而不做一個真正的自己。他們的身心都是軟弱的。他們需要的是諂媚的說教者，講些令他們內心滿意的話，而不計較那些話是否真理（諂媚的說教者會將聽眾不會做的行為說成是罪惡，而將聽眾輕微的過失說成是美德）。這種人只會說話，不會真的思想。上帝死了，但平庸的人不能忍受這個消息。他們軟弱，需要依靠，終而各自製造自己的「上帝」。尼采指出，在這種情況下，驢子是最適宜

---

[12]　Ibid., Pt. I, §15.

[13]　Ibid., Prologue, §3.

當「上帝」的了。因為，騾子可滿足作為平庸者的「上帝」之各種
條件：它是人的僕人；它又永不會犯錯——因為它不會說話！

　　但超人卻是「不要天堂要大地」的人。

　　在尼采看來，平庸的人可憐得連別人對他們說「超人」的意義
時亦無法懂得（更不論實踐了）。有一次，查拉圖士特拉來到一個
城中，看見一羣人圍著一個正在表演走索的人，查拉圖士特拉就對
他們說：「我說超人給你們知。人是將要被壓服的東西……」[14]但
人羣卻以為他在宣稱走索者之表演！後來走索者跌下來死了，人羣
也就散了，只留下查拉圖士特拉及走索者的屍體在場中。他於是體
會到羣眾是多麼愚蠢、對自己的「存在」是多麼不關心，即使要喚
醒他們，在交通方面已有極大的困難。但查拉圖士特拉並不因而氣
沮，他要挑選幾個「門徒」，而這些門徒之所以要跟從他，則因為
「他們要跟從他們自己」。尼采認為：一個人不應僅僅作為先知的
門徒和模仿者，他應通過先知而了解自己。

　　究竟查拉圖士特拉要宣揚的是什麼呢？

　　那就是關於「超人」的道理。能將自己一切可能的能力（power
[15]）發揮到極限者，即可變為超人。人的「能力意志」（will to
power），是一種不斷求進的生命力。生命當求能力之發揮而奮
鬥、而克服其他的存在。這是生命的原則，其目的在於成就超人。
超人是英雄是最高模範，必須經過奮鬥、痛苦及戰勝弱者來求實

14　Ibid.

15　尼采哲學中的「Power」一字，通常中譯為「權力」。但尼采對這個字的
　　使用，較「權力」這個辭語的一般意義更廣包。在本書中，我們僅將它譯
　　為「能力」。這個字也可譯成「潛力」或「潛能」。

現。因此尼采歌頌戰爭，鄙視和平。在他看來，和平只有作為達到戰爭的手段才有價值可言。故他說：

> 你們應愛和平作為新戰爭之手段——且應愛短暫的和平多於長久的和平。[16]

生命本身就是一種優勝劣敗的選擇過程，這種奮鬥，是能力意志的表現，而能力意志則是人的最基本的本能，其他本能俱由此而生。在尼采看來，身體的各種本能才是人的「大理性」；理智、邏輯等不過是人創造出來的「小理性」而已，這些「小理性」只有在作為工具時才有點價值。知識是用以保存及發展生命的，所謂「為真理而求真理」的說法，根本是本末倒置的幻想。

　　尼采認為理智哲學是弱者的哲學，是避世的方式，超人則面對世界的真貌。我們所處的世界，並不如理智主義所設想的，而是充滿偶然、機緣、無知……的世界。尼采說：

> 在每一件事上，有一件事是不可能的，那就是：理性。[17]

牧師們之所以肯「實踐德行」，只是由於他們期望在死後得到報酬而已。但尼采認為這種報酬根本是沒有的。至於超人則不同了，對於他來說，「有德行」即等於「對自己真誠，順自己的本能而行

16　Thus Spake Zarathustra, Pt. I, §10.

17　Ibid., Pt. III, §48.

事」。世界並沒有什麼「最終的目的」，發展能力意志與實行價值重估，並不為了任何目的，能力與價值重估本身就是夠好的了。

但人類的積習表現得太軟弱了。他們不但不能接受，甚至不能明白這種關於「超人」的道理。

查拉圖士特拉「一個地方又一個地方」地流浪，結果發覺人類除了作為超人的「前奏」之外，真是一無可取、不值得保存、甚至要被淘汰、被壓服的。本來，上帝是沒有的，因此人必須勇敢，自己挺立於天地之間；但人卻寧可自己製造上帝。本來，人不是善良而是醜惡的，因此一個人必須做一個「強人」才成；但人卻寧可處處講求道德（其實是「弱者的道德」）。本來，人最基本的本能是能力意志，因此他必須克服他人、凌駕他人；但人卻寧可宣揚和平，歌頌什麼「愛你的鄰居」。總而言之，「人是將要被壓服者……所有的存有者（beings）皆創造某些高於他們自己的東西……人是一條繩，張縛在野獸與超人之間。」[18]然而，尼采認為至今卻仍未有過一個超人。[19]

四、反懦弱

在尼采看來，我們這個「至今仍未有過一個超人」的世界，其中充塞者的，是懦弱的、庸俗的愚人。對於這樣的羣眾，尼采表現了一種看似憤世的態度，他尖銳地批評了人類的懦弱、逃避、苟

---

[18] Ibid., Prologue §3-4.
[19] Ibid., Pt. I.

且、人云亦云……等等的惡習。

尼采表示，人類所有的行為，背後都會有某些價值評判為其底子；而所有價值評判不是自發自動的就是接受得來的。事實上，人類的價值評判絕大部分都是從別人處接受得來的評判。為什麼人們要這樣做？為什麼人們不依據自己而要依據別人的價值評判作為自己的價值評判？尼采在《黎明》（*The Dawn of Day*）一書中說，那是「由於恐懼」[20]使然。人們認為，將那些從別人那裏接受得來的價值評判裝作是自己原有的價值評判，這樣做會更加安全有利。

絕大多數的人，無論他們怎樣以為自己「以自我為中心」，其實終他們的一生，一點也沒有真的接觸自我，一點也沒有為他們的真自我做任何事。他們所謂的自我拆穿了只不過是自我的「幻影」，他們只是為這個幻影奔波。這個自我的幻影是怎樣形成的呢？依據尼采，這個幻影是人們「人云亦云」地接受了別人的看法，被動地受到了朋友們的影響而成的。

結果，人們都活在一種曖昧之中，他們的意見都不純粹出自本人，甚至與個人無關。他們的價值評判是隨意的、情緒化的。一個人總會騎在其他人的頭上，而其他人又會再騎在另外的人的頭上。尼采指出，這樣古怪的一個幻影世界卻儘要給自己裝上一個理性的外表。意見與習慣，成了人們普遍地評判什麼是「人」的根據。尼采說，人類幾乎都是對於自己一無所知的，他們「相信一種無血的抽象物，他們稱之為『人』，這等於相信子虛烏有」。[21]

---

[20]　Nietzsche, The Dawn of Day, §104.

[21]　Ibid., §105.

在價值評判方面，人們由於害怕，以致懦弱地接受別人的評判作為自己的評判。此外，在人生的其他方面，大多數人的表現也都是懦弱的。

例如：尼采指出，人好利用睡眠作為逃避的手段。在睡眠中，人與死屍無甚差異，沒有思想，與死物相似。另一種逃避則是賤身體而貴心靈，但尼采認為，心靈是身體的一部分（存在主義者一般都不接受笛卡兒式的心物二元說，以此為思想抽象之產物），因此，貴心而賤身其實等於離棄生命。此外如：恐懼戰爭而以和平為自足目的；以國家來規範個人、認國家的價值高於個人；否定情欲而追求所謂貞潔，等等，尼采認為這些都是對生命真貌的一種逃避。他甚至這樣說：「錯誤乃是懦弱的一個部分……在知識方面的每一次勝利，都是勇敢的結果……」。[22]

像祈克果一樣，尼采亦不滿那些恐懼超然獨立的「庸俗的市儈」。這種人的最高理想是將自己淹沒在羣眾之中，做別人所做的事，說別人所說的話，扮演跟別人無甚分別的「一般人」；而不是做一個特立獨行的「個人」。

尼采反對傳統所歌頌的仁慈、柔順、和平、禁欲、平等、不切實的理想（例如什麼民主主義、共產主義、和平主義），等等，認為這些都是弱者的托辭，非強者所屑為，甚至會窒礙強者的生命潛能之發展。在尼采看來，奴隸制度是會自然地永遠存在的，只是形式或有不同而已。近代的勞動階級，相對於資本家而言，豈不就是奴隸階級嗎？此外尼采亦不贊成有所謂男女平等，他以為女性的能

---

[22]　Nietzsche, *The Will to Power*, "Dionysus," §1041.

力根本不及男性。在他的時代，追求平等已成一種社會性的運動，但尼采卻認為這種追求實是時代的最大危機，因為，人類本來就是不能平等的。弱者或俗人為了保護自己，遂以「平等」、「仁慈」、「和平」等為藉口。

我們或會覺得尼采的思想「不正常」，覺得他的思想「瘋狂」，但尼采本就不要求他的思想被一般人（在他看來即是懦弱的俗人）「公認為正常，不瘋狂」。總之，在尼采的說法中，我們常會看見一種對懦弱的庸人之不滿。尼采表示，追求更高的能力和更大的快樂的人，是會因圍繞身邊的弱者底庸俗而覺得「作嘔」的。

五、主人的道德與奴隸的道德

尼采表示：世上並沒有什麼唯一的「客觀道德」；事實上，何者為善，何者為惡，是人各有見的。大概言之，人類的道德觀可分為不同的兩型：

一型是「主人的道德」；
一型是「奴隸的道德」。[23]

尼采這種看法，我們不難基於他關於「超人」的說法來了解；而對這種看法有一定的了解之後，則又可反過來對「超人」的說法有進一步明確的認識。

---

[23]　Cf. Danto, loc. cit., ch.21.

在尼采看來，倫理學家（即道德哲學家）的真正任務，不在於傳佈道德判斷，而在於了解之；我們不要做一個流行的道德潮流的犧牲者，而應做一個自覺的批評人。為什麼尼采這樣看呢？此概由於他認為道德不是客觀的。

道德無門，唯人自造

可說是尼采道德觀的簡括。他在《善惡以外》（*Beyond Good and Evil*）一書中所謂「道德現象是沒有的，只有現象之道德解釋。」[24]就是此意。同一事實，對甲而言是善的，對乙而言卻可以是惡。因此，哲學家應：

> 挺立於善惡以外──將道德判斷之幻覺置於其下。[25]

以超然的觀點來看，任何集團中皆有一些人由於具有其餘人所沒有的性格特徵而能夠支配其餘的人，支配者即在主人的地位，被支配者則在奴隸的地位。由是而有兩型不同的道德觀：「主人的道德觀」和「奴隸的道德觀」。

對這兩類不同的人來說，「好」字各有不同的意義。主人們認為，他們所具有的且藉之可享優越形勢的性質，即為「好」字之所指；而「好」之相反則為「壞」；因此，在這種意義下主人之為

24　Nietzsche, Beyond Good and Evil, §108.
25　Nietzsche, Twilight of the Idols, ch.VI, §1.

「好」是必然的，因為所謂「好」之所指就是他們所具有的性質之故。而誰不是好的誰就是壞的。至於在奴隸方面，對他們而言，「好」的意義剛好就是在其主人方面所謂「壞」的意義。這種奴隸之「好」的相反則為「惡」。在奴隸的語言中，「惡」之一辭，其外範又剛好相等於在主人的語言中「好」之一辭的外範。

於是，一個主人可能既是好的（以他們所指的意義而言）又是惡的（以奴隸所指的意義而言），但不可能同時是好的又是壞的。而一個奴隸則可能既是好的（以他們所指的意義而言）又是壞的（以主人所指的意義而言），但不可能既是好的又是惡的。因為，假如他們是惡的，那麼他們即會成為主人，而不再是奴隸了。

在主人階級中，「愛財」、「剛愎」、「欺詐」、「貪婪」、「眦睚必報」、「追求權力」……等等性格，會被認為是「好的」；推廣地說，主人們自己追求的，就被認為是「好的」。主人們是「價值之決定者」，要將他們的價值觀套在世界之上。至於在奴隸方面，他們懼怕擁有上述性格的人，於是稱那些性格及擁有那些性格的人為「惡的」，而將「好」這個字限於用在「慈悲」、「好心」、「樂助」、「謹慎」、「謙卑」、「耐心」、「友愛」……等等性格之上。奴隸是無能的，因而不能將他們的價值辭語套在世界之上，結果他們的道德只能建基於懦弱，而不能建基於力量。

尼采這種看法，含有「道德相對主義」的意思。道德系統是人為的，並無什麼「神聖的來源」。它們不是絕對的，不是從天而降的，而是在時間中、在社會環境中漸漸發展而成的。如果要判定一個道德系統是否可行，那麼，標準不在什麼外在的權威，而在於它

在人生中的結果是否有用。尼采這種觀念，我們在二十世紀的今天看來，也許不會覺得有何可驚異之處；但對於十九世紀的人來說，我們不難想像這種觀念是多麼令人震驚的。更何況尼采曾指出，所謂道德律，尤其是基督教的道德律，雖在表面上強調仁慈博愛，但骨子裏卻不過一種懼怕及憎恨（憎恨所懼怕之對象）的結合而已。

無疑，尼采所欣賞的是「主人的道德」。

尼采認為，超人是具有征服他人的意志、具有發號施令的意志和具有作為主人的意志的人。

在他看來，人類本就有一個奇怪的現象，無論表面上怎樣宣揚仁愛，但骨子裏卻是殘酷的。即使是弱者，也不反對他人受苦。人類從沒有不嗜好殘酷的場面，只是方式也許有點不同罷了。尼采指出，「目擊〔他人〕受苦是快樂的。〔由自己〕施與這種受苦則更加快樂。」[26]「最長最古的人類歷史這樣教訓我們：沒有殘酷則沒有慶祝的快樂。」[27]人類的社會制度，很多都是為了將殘酷理性化而建立起來的。例如：犯過多少就要「等量地」受罰多少，從而使人覺得得到補償的滿足。「在『良好事物』的底下，有了多少血和顫慄呢。」[28]由此看來，強弱之分主要不在「精神方面的純淨」有何程度的不同，而在於互相敵對時強者有能力制勝對方，而弱者則沒有這樣的能力。

總言之，人類是殘酷的，「幸災樂禍」是人類的天性。至於誰幸誰災，則決定於在互相敵對時誰強誰弱。在尼采這種看法的背

---

[26]　Nietzsche, The Genealogy of Morals, Pt. II, §6.

[27]　Ibid.

[28]　Ibid., §3.

後，我們可以見到達爾文「優勝敗劣」之說的影子。

結果，通常被認為是惡的事情，在尼采的觀點下，往往會成為好事。例如「性」，在當時很多人認為那是污瀆的，但尼采卻認為對一個自主的人來說，「性」是一樁美事。他又指出，會破壞文明的權力慾，是適於超人的；至於自私，只有當人們以奴隸的觀點來看時才是不好的，其實自私正是偉大的身體和靈魂所必要的美德。總括地說，尼采的最高教條不是「愛你的鄰居」[29]而是

　　　　愛你自己。

六、反理性哲學

從西方傳統哲學的觀點看，尼采這種「愛你自己」的哲學是不合道德理性底要求的，甚至是「非理性」的。但在尼采看來，一般所謂的「理性哲學」，其實是人類虛偽的產品；而理性哲學所重視的「本質」，拆穿了不過是人類思想設計出來的人為結果。世界的真象其實是歷史性的、具體地存在的。「本質」只是我們為了適合自己的抽象思想的格式而「造」出來的概念。如果我們勇敢地面對世界，我們即會發覺抽象思想對「實在」是一種歪曲。

尼采認為：「思想」實是一種不夠精密的知覺而已，是無法窺見世界底真象的。對真實的生命而言，理性只是一種工具；離開生命之熱情、離開生機之本能，即無獨立的純粹理性。世界不是「合

---

[29]　所以尼采教人「Do not spare your neighbors」。

理的」；反之，世界本是充滿變化、雜多、競爭……矛盾的場所，其中並無永恆不變、並無因果必然、並無事物背後的本體。尼采所謂「現象世界是唯一的世界」[30]就是這個意思。

　　尼采認為：一個思者與其問題之間應有一種具體的個人關係。一個人在其問題中看見自己的命運、需要、歡樂，或只能以冷冰冰的客觀態度來觸碰其問題，二者之間實在有天壤之別。尼采採取前一態度而反對後一態度。他認為我們無法從學者的身上找到真理，因為他們離開了實際的行動。我們亦無法從詩人的身上找到真理，因為他們所知極少（詩人多重想像而輕實際），以致只能以謊言來填塞紙張。

　　尼采對哲學的看法，對後來的存在主義者有很大的影響。他認為：哲學只是人類熱情奮鬥的一種工具；邏輯[31]更注定了是假的，因為，它只是我們套在事物之上的樣式，而非事物本身所展示出來的樣式。尼采指出：哲學家佯作他們的意見是通過冷靜、純粹、客觀的辯證而得來的，查實這些「意見」本是哲學家們心中早就存在著的偏見，只不過在事後想法找些論證來保護，其實骨子裏卻是「一種事先想定的獨斷，一種幻像、一種『靈感』、或頂多是一種經過抽象和精美化的、以事後找來的理由來保護的內心欲望而已。」[32]尼采表示：這些哲學家們本是一面倒的「擁護者」，卻又不肯承認這點，反以一種公正、冷靜、客觀的姿態出現。總而言

---

[30]　Nietzsche, Twilight of the Idols, ch.III, §2.

[31]　尼采所說的「邏輯」，不等同於現代純形式的符號邏輯系統。他的意思其實指那種關於事物本質的普遍概念的系統研究。

[32]　Nietzsche, Beyond Good and Evil, §5.

之，在尼采看來，所謂理性的、客觀的哲學，不過是虛偽的外衣。
他更認為：哲學被化約成知識論，是哲學的末路；故英國的經驗論
是一種墮落，失去了哲學的真精神。[33]

那麼，哲學是什麼呢？

尼采認為：哲學家該作為文化的醫生。哲學家的精神是要自由
不可覊勒的。他要改變既有的價值觀（transvaluation of values），
從而改變我們習有的生命態度。所謂基督教、社會主義、博愛主義
等等，全都是墮落的象徵，全都是貧乏可憐的理想，其實無補於真
正生命的發展。哲學家要出來將這些歷史包袱拋開，創造新的價值
（對事物重新估值）、新的理想、新的文化。尼采這種看法對當代
的歐洲哲學產生了很大的影響。

七、「我來早了」

尼采的哲學，在二十世紀受到了極大的注意，但如我們在引言
中指出的，當尼采在生之時，他是寂寞的。他的感受遠遠地走在時
代之前，以致同時代的人大都無法了解他。以下我們舉出一個尼采
自己說的寓言，通過這個寓言，我們可以窺見他當時的心態，藉此
可以較具體地認識他這個人。對於尼采，了解他的本人是有助於了
解他的哲學的。

在《愉快的智慧》（*The Joyful Wisdom*）一書中，尼采問：你
們曾經聽說過有那麼一個狂人嗎？他在光亮的早晨點起一枝燈籠，

---

[33] Passmore, A Hundred Years of Philosophy, chs.V & XIX.

走到市集之處，不停地叫道：

> 我尋找上帝！我尋找上帝！[34]

當時那裏站滿了很多不信的人，這個狂人給人們製造了大量的娛樂。「什麼！他迷失了嗎？」有人這樣說。「他像一個孩子那樣迷路了嗎？」另外有人這樣說。「他怕了我們嗎？」「他是不是移民？」……人羣大聲地笑著，大聲的叫問著。那狂人衝入人羣之中，以他的凝視將人羣定下來。他這樣說道：

> 我認真告訴你們！我們已經將他殺死了——你和我！所有我
> 們都是謀害他的人……難道黑夜不是不斷地來臨，愈來愈漆
> 黑？難道我們不需要在晨早點燈？難道我們沒有聽見掘墳者
> 將上帝埋葬的聲音？……上帝死了！……難道我們不須要自
> 己來做上帝（純粹由於這樣做看來是值得的）？從沒有一件
> 比這更偉大的事——並且，以此之故，所有在我們之後出生
> 的人，都屬於一個更高級的歷史，比任何到目前為止的歷史
> 更高級的歷史！[35]

說完之後，那狂人沉默了，再次看著他的聽眾；聽眾們亦沉默了，愕然看著狂人。終於，狂人將他的燈籠扔在地上，碎成片片，他

34　Nietzsche, The Joyful Wisdom, §125.
35　Ibid.

說：

> 我來得太早了，我在一個不適當的時刻。這非常的事件仍在
> 途中，仍在進行——它仍未來到人們的耳際。閃電與奔雷需
> 要時間，星光需要時間，行為需要時間，即使在實行了之
> 後，它們仍是需要時間而被看見和聽見的……[36]

在同一天，這個狂人又到各個教堂去，並且結果總是這樣說：

> 這些教堂現在算是什麼呢，如果不是上帝的墳墓和紀念
> 碑？[37]

尼采這寓言中的「狂人」，真的是狂人嗎？

八、按語：尼采與祈克果的一些相似點

通過以上幾節的描述，我們可以看出，雖然在「有神無神」這
個問題上，尼采與祈克果各取一個相反的看法。但事實上，在其他
很多方面，他們兩人的哲學有很多相似的地方。

例如：他們的態度，由於當時人的庸俗，都顯出有一種憤世嫉
俗的色彩，他們都對同時代大多數的人提出了尖刻的批評。他們對

---

[36] Ibid.

[37] Ibid.

於理性的看法，也有非常相似之處，他們同認為理性不是人的根本。在祈克果，人的熱情較人的理性更重要；在尼采，人的意志較人的理性更有主宰的地位。祈克果反對在處理人的問題時將人視為抽象的項目，尼采亦然。他們兩人同樣認為理性的抽象不能把握人的具體存在，同樣認為哲學不是理智的考察和設計，同樣認為哲學與具體的人生應有不可分的緊密關連，同樣認為現代人在精神方面的病患乃是隨俗、人云亦云及以旁觀的態度看自己而產生的惡果。[38]

---

[38]　雅士培亦有對祈克果和尼采同時並論，見 Reason & Existenz, Lec. I.

第四章 海德格

一、引　言

　　存在主義的創始人是丹麥的祈克果；將存在主義作為一種嚴格的哲學而發揚光大的，則首推德國的海德格（Martin Heidegger）。雖然海德格不承認自己是一個存在主義者，但差不多每一個研究存在主義的學者都將他收入一流的存在主義者之列。

　　布洛克（Werner Brock）是海德格在佛來堡大學（Univ. of Freiburg）任教時的同事，亦是一個治海德格哲學的專家，他在《存在與存有》（*Existence and Being*）一書中指出，我們可有兩種標準（或判準）來評判一個思想家的地位。第一個標準是該思想家所發現的問題之相干性，他思考問題時之緊湊性與一致性，以及其敘述之光采性。第二個標準是：在其哲學著作之影響下，讀者會否被引導以一種新的方式來看生命和世界，而且，以前未被想到但卻是有關係的地方，有沒有被他置於完全的自覺反省之中。布洛克指出：「以這些標準來衡量，海德格的《存有與時間》都是一本有

高等地位的著作。」[1]在他看來，海德格實在是具有一流地位的思想家或哲學家；筆者亦以為如是（尤其當我們以第二個標準來衡量海德格的時候）。

現在在歐陸方面，有很多現象學家、存在主義哲學家以及人類學的心理學家（anthropological psychologists），都受了海德格很大的影響（且承認他們所受的影響）。德國新一代的藝術家、作家、音樂家，更發展出一套「海德格美學」，這種美學已開始表現在很多藝術作品、文學作品及音樂作品之中。雖然其思想所產生的影響是這麼重大，但，正如高爾（Herbert Kohl）在 *The Age of Complexity* 一書之中所說的：「作為一個人與作為一個哲學家，海德格多少總是個謎」。[2]「海德格思想」引起這麼大的熱鬧，但他自己卻避了開去，與羣眾保持著一段距離。他很少在公眾場合露面，其「稀有」的言論，也是帶著神秘色彩的。對於外來的批評，他常以沉默回覆。[3]

海德格生於 1889 年。他的家庭是一個天主教的農人家庭，年輕時他曾對西方的神學和哲學感到興趣。1915 年，海德格在佛來堡大學得到一份哲學講師之職，在那兒他受到胡賽爾（E. Husserl）很大的影響（從 1916 至 1929 年胡賽爾是佛來堡大學的哲學教授）。海德格那種「不預先假定固有的思想概念，讓經驗直接呈

---

[1] W. Brock, "An Account of Being and Time" reprinted in H.J. Blackham, ed., Reality, Man and Existence: Essential Works of Existentialism (with an introduction by the ed.), New York, 1965, p.239.

[2] H. Kohl, The Age of Complexity (New York, 1965), p.129.

[3] Ibid.

現，對第一手經驗作直觀」的哲學方法，即源自胡賽爾的現象學。1923 年海德格轉到馬堡大學任教授職，在那裏寫成了他最重要的著作「存有與時間」（1927 年以德文初版）。[4]在馬堡大學工作了六年，海德格又回到佛來堡大學，繼胡賽爾之位任該大學的哲學教授。1933 年，那時正當希特拉得勢，海德格被選為教育部長，但不久他就辭去這個職位。一九四五年之後，海德格隱居在黑林區（Black Forest region）的山嶺上，孤獨地住在一所小小的房舍中。這種情形，對西方哲學家來說是少見的。以下開列的是海德格已有英譯的重要著作：

Being and Time（1927）

Introduction to Metaphysics（1953）

Essays in Metaphysics（1957）

Existence and Being（此書由他人將海德格的一些論文搜輯而成，1949 年出版，包括："Remembrance of the Poet"、"Holderlin and the Essence of Poetry"、"On the Essence of Truth"、"What Is Metaphysics"各篇。書首有布洛克寫的導言。）

海德格哲學的主要目的，是重新喚起「什麼是『存有』的意義」這問題，以及對這問題「展開一個具體的解答」。我們在下一節（第二節）即討論海德格的存有問題。「存有」（Being）不等於「某一存有」（a being，或譯為「存有物」）。例如一張枱或一個人，是「某一存有」（即存在），而「存有」則是某一存有之所以為一個存有的決定者（the determinant）。我們追索存有的意義

4　這只是海德格計劃中的第一部分。

這件事本身就是存有的一種模態，海德格名此為「人的存有」
（Dasein）。森然宇宙，我們從何開始研究存有的意義呢？既然人
的存有是存有的一種模態，海德格即自人的存有來著手對存有的探
究。他發覺人與世界是不可分的，人是「在世界中的存有」。這是
我們在第三節所要討論到的。「在世界中」是人的存有之基本情
態，藉著對「世界」的認識，我們對「在世界中的存有」有更清楚
的了解。第四節即說海德格怎樣論世界的存在模態。通過第三和第
四節的討論，對「人的存有」當有一個概括的認識，我們在第五節
就進一步說海德格論人的存有之三種情態：事實性、存在性、和墮
陷性。這三種特色，相應於過去、將來、和現在這時間的三態。在
海德格看來，人的時間是有限的，人是「趨向死亡的存有」。通過
一種「焦慮」的情懷，人的有限性，人的暫時性（趨向死亡）即被
展露出來。人為什麼會焦慮呢？海德格指出，焦慮的源頭乃是虛
無。這些都在第六節討論。人是有限的，在無窮的可能性中，他只
能實現有限的一部份。海德格稱此情形為「罪咎」。焦慮將人的有
限性和暫時性展露出來，良知則將人的罪咎展露。第七節闡述海德
格如何論良知和罪咎。就第六和第七節的內容來看，我們會覺得，
海德格哲學所展示的人生，是很「灰暗」的、可悲的。但人生是否
就只有這個面目呢？不是的，海德格指出，通過決心的實踐，我們
可以從上述破碎的人生中超越，從而得到真實的存在。海德格所說
的決心，與他對「時間」的特殊看法不可分。我們在第八節討論決
心與存在的時間。最後，在第九節我們略提一些按語。

二、存有問題

　　海德格認為：整個西方文化都是在一個基本上錯誤的基礎之上建立起來的，那就是：通過理智化（intellectualized）的觀點來看世界。「存有與時間」一書的主要工作，則是要人們重新開始以一種非理智化的態度來了解世界，要人們從抽象的概念系統中解放出來，面對在經驗中直接呈現的世界。

　　在海德格看來，西方文化的病癥，是從柏拉圖之後開始的。柏拉圖以前，西方文化還沒有走上沉淪之路，在這個時期，人和世界是在一起而沒有截然劃分的，二者同為整個存有（Being）的一部份，人能對整個存有作通觀。這時期的哲學，雖然帶著很濃的神話味道，但卻具有洞見，表示出人是整個存有的部分，而各個個體存有（individual beings，諸如個別的人、動物、植物、無生物等）都不是各別孤立地存在（exist），而是作為整個存有的部分而存在的。海德格非常欣賞巴門尼底斯（Parmenides），就是因為巴氏的哲學反對將存有割裂。巴門尼底斯認為只有唯一而整個的存有才是真實的。

　　巴門尼底斯之後，從柏拉圖開始，西方文化（照海德格的說法）即開始走上一條錯誤的路向。重智的趨勢成了西方哲學的正統。在這以前是人們所直接感知的事物，現在開始被人在理智的層面上懷疑了，而對這些疑問所提出的種種解答，亦只是在理智層面上的解答。在海德格看來，這種疑問和解答的方式都有根本上的錯誤。他認為現代人的困惑乃源於對存有概念的無能了解以及對「什麼是存有物的存有」這問題的無能回答。

　　所謂「存有物」（beings），照海德格的意思，是指世界中任
何存在的（existing）個體。而「什麼是存有物的存有（Being）」[5]
這問題，很多人都認為是多餘的、沒有意義的。他們認為，我們可
以問很多關於各個個體事物（存有物）的各種特殊問題，例如關於
它們的性質、用途等的問題，但這個一般性的普泛問題「什麼是存
有物的存有」卻是沒有意義的、多餘的。他們會說「存有」是最普
遍的（universal），也是最空的概念，它不能被界定，而且也毋需
被界定，因為，事實上每一個人都一定會用到這個概念。並且先已
知道他用這概念時是什麼意思的。

　　現在的難題是：如果我們認為「存有物的存有」這問題無意
義，甚至根本就忘記了這問題，那麼，我們如何才能夠了解海德格
對這問題的研究結果呢？如何才能夠重新懂得那個被西方的重智傳
統遺棄了的問題呢？

　　正如海德格所說：「在今天這問題是被遺忘了。」[6]因為，這
問題被認為是多餘的。但對存有的這種解釋，在海德格看來，其實
是錯誤的，因此他有「一個獨斷已被發展起來」[7]之評語。要推翻
這個獨斷，要重新了解存有問題的意義，我們須得對既有的觀念以
及對整個西方哲學傳統作一重新的反省和重新的感受（refeel）。

　　海德格認為：對於存有，我們其實有一種先於概念、先於理智、
而且是先於哲學的解悟。只是由於我們太過濫用理智的能力了，結

---

[5]　個別地說是「存在」，普遍地說是「存有」。

[6]　M. Heidegger, Being and Time, tran. by J. Macquarrie & E. Robinson (London, 1962) p.21.

[7]　Ibid.

果遺忘了這種解悟，而將精神集中在注意個體事物的特殊性徵之上。不過，雖然平日我們會有種種的方式來避開存有的問題，但當我們真切地遇到死亡這種事件發生的時候，存有的問題仍是會無可避免地逼到我們面前的。當有人死亡時，一種令人不安的、沒有停止的問題就會出現：「為什麼會有存有物而不僅僅是虛無？」「什麼是存有？」「什麼是存有物的存有？」虛無性（nothingness）、非存在（nonbeing）的可能性，是因死亡而成為真實的。死亡將存有的問題帶到我們的面前。海德格認為：要成為一個人，我們一定要面對存有的問題，而不能避開去。[8]

三、「在世界中的存有」

人的存有是存有的一型，海德格對存有問題的著手程序，即首先通過解決「什麼是人的存有」來解決「什麼是存有」這種本體論的問題。海德格應用現象學的方法來分析人的存有，最先呈現的是「在世界中的存有」（Being-in-the-world）[9]的基本經驗。於是他用「在世界中的存有」來描述「人的存有」。

在海德格看來，人和世界是不可分的。人不是一種孤離的認識上的主體（subject），並不首先「知道」了自己的存在然後再想辦法去「證明」有一個客觀的外在世界存在。事實上人並不會這樣做。在人的原始經驗中，已經有了他自己的世界。人和世界恆是在

---

[8]　Ibid., pp.21-24 & Kohl, op. cit., Ch. IV.
[9]　這些 hyphens 表示該片語被當作一個單辭來用。

一起的。

海德格這種看法，是反笛卡兒傳統的。後者將人和世界截然劃分，成為一種「主體──客體」（自我──外界）的二分，在這種二分之下，自我是孤獨的，與自我以外的一切隔絕的。但如果順著海德格的路向，則這種孤獨和隔絕即不存在了。在海德格的哲學中，人並不是封閉而是開放的，其他的人和物可以在他面前展布其自己的意義。這種關於人的說法，巴烈提（W. Barrett）將之與愛因斯坦的「物質場論」（field theory of matter）相比，名之為「人的場論」（field theory of men）。愛因斯坦將物質看作一種場，例如磁場。而海德格則將人看作一種存有的場，或者一種存有的區域。在這樣的場中，並沒有一個「靈魂本體」（soul substance）或「自我」作為其中心。巴烈提說：「海德格即叫這種存有的場為Dasein（人的存有）。」[10]其實「Dasein」或「人的存有」，就是海德格給「人」的別名。他可以說很多關於人的事情而不需要用到「人」這個字，而只說「存有的場」，因此，在討論到人的時候，他即避免了「我們所處理的是一個有固定本性的確定對象」這樣的事先假定。避免了這種假定之後，「主體──客體」的二分以及順之而來的自我孤獨和隔絕就是不必要的了。

海德格將人看作一種存有的場，認為人的存有可以通過「在世界中的存有」來了解。這種看法與他對「世界」的概念有密切的關連。我們不要將海德格對世界的概念與傳統哲學或科學對世界的概念相混。後者的世界是一種客觀的概念化的世界，在這種觀點之

---

[10]　Cf. W. Barrett, Irrational Man (New York, 1962), pp.217-218.

下，世界是一種抽象的時空區體。但在海德格看來，通過現象學的
方法而呈現的，不是一個擴延（extended）的本體，而是一個充滿
人類的關注（human concern）之場區。沒有人的世界是沒有的。

　　關於世界的這種概念，我們也許會覺得它很古怪。通過格連
（M. Grene）女士的解釋，相信會令人較能把握海德格的世界概
念。格連說「對海德格而言，『世界』並不是『這個』世界，而寧
可是所謂『體育的世界』……或者『莎士比亞的世界』這種意義的
『世界』……」。[11]所謂「體育的世界」，就是指某些興趣或活動
的共同層面；所謂「莎士比亞」的世界則是指一種既影響某一人格
又為該人格所影響的時代和社會。對於「世界」的這種用法，有時
我們會說兩個人是兩個「分開的世界」。格連指出：海德格不以為
這種世界就是主觀的，反之，他認為其中一樣包括一般意義的鞋
子、船隻等等具體的東西。

　　海德格所謂的「世界」，既有上述的意義，於是很自然地，他
所謂「人在世界之中」的「在」，其意義亦是在某行業之中的
「在」，在某軍隊之中的「在」，在政治之中的「在」，在愛情之
中的「在」，等等。在他看來，人和世界之間的關係，與其說是一
個實體在另一實體之內的空間關係，毋寧說是一種「存在地參與其
中」的關係。因此，人在世界中是心有所屬的。他在其中創造、助
長、安排、應用、犧牲、承擔、觀察……這些都是人在世界中的活
動，表現出二者之間的親切性。

　　「Being-in-the-world」一辭中的「Being-in」，即已經意指出

11　M. Grene, *Heidegger* (New York, 1958), p.20.

人與世界之間有一種「與之在一起」（Being-with）的親切性，而有別於「在其一邊」（Being-besides）這個辭語所表示的一種客觀的、空間的接近性。現在有一點要留意的是，海德格曾指出，他並不是否認人的存有的空間性，反之，他認為人的存有也有其自己的一種「在空間之中」的意義。不過，這種「在空間之中」，海德格說是「只有基於一般的『在世界中的存有』才是可能的。」[12]而「在世界中的存有」的「在」，則如上述，是存在性的「在」。[13]

總括而言：海德格通過解決「什麼是人的存有」來解決「什麼是存有」這個本體論的問題。他所謂「對人的存有之本體論分析，給一般存有之意義解釋安排一種顯露的視域」[14]，就是這個意思。進一步，海德格認為：

一般「在世界中的存有」乃人的存有之基本情態。[15]

這是反笛卡兒「主體──客體」之二分的。所謂「人的存有」是海德格給「人」的別名，因此他說：「人的存有是一種實體〔不是「東西」式的實體，亦不是笛卡兒式的本體〕，每一個時候我自己都是這種實體。」[16]海德格哲學中的「世界」，不是指科學和傳統

12　Heidegger, op. cit, p.82.

13　Cf. F.N. Magill (ed.), Masterpieces of World Philosophy (London, 1963), pp.886-895.

14　Heidegger, op. cit., p.36.

15　Ibid., p.78.

16　Ibid.

哲學中概念化的世界，而是指一個充滿人的關注或事務的場區。因此，在世界中的存有之「在」，也不是空間性的「在」，而是一種存在的參與。他說：「被稱為『人的存有』的實體（entity）與被稱為『世界』的實體之間，並無『在對方之旁』這種東西存在。」[17]這番話即表示他的哲學中人和世界之間，所謂「在」的關係，並不是空間性的。

四、世界之存在模態

「在世界中」是人的存有之基本情態。藉著對「世界」的認識，我們可對「在世界中的存有」有更清楚的了解。

要描述「世界」的現象，一般人會先將平日所謂「在」世界中的事物列舉出來，例如房屋、樹木、人物等等，然後描劃這些東西看起來是怎樣子的，再對它（他）們的出現給與一種解釋。但我們可以看出，這類描述常是事先就限定於個別實體方面的。而海德格說：

　　我們所尋求的，是存有。[18]

他要通過現象的描述，撇開一切事先的限定，而讓存有直接呈現在我們的經驗之中。因此，剛才所說的那種對世界的描述的方式，乃

17　Ibid., p.81.
18　Ibid., p.91.

是不相干的。

對「在世界中的存有」作一種現象學的描述（即不作任何事先的假定，撇開既有的概念，讓經驗直接呈現的描述），展示出世界是由場區或存在模態（existential modalities）構成的。「環境」（environment）就是這樣的一種模態。

這種模態，展現為兩種不同的模式。[19]海德格曾用「鎚子和鎚東西的動作」為例，闡釋這兩種模式的不同。在人對他的世界之原始經驗中，鎚子是一種用具，藉著這種用具，他可以鎚東西。通過鎚東西的動作，那個鎚子就呈現為一種用具。在這種層面的經驗中，知識和行動、理解和實行，是在一種不可分割的整體中的。知識即包含行動，而行動亦已經是知識的一種方式。但在另一方面，人卻可以將他的環境客觀化，將他的鎚子從其用具價值中抽象出來，僅僅將它看作一種物理對象。在這種模式之中的鎚子，即成為一種理論的、科學的對象，是藉著它的重量、結構、形狀、大小等等性質而被界定的。當我們說作為一種用具的鎚子是沉重的時候，我們的意思是說，在鎚東西的動作中將有更大的困難產生，這種困難與我們自己（鎚子的使用者）是有直接關係的。但當我們說僅僅作為一種對象的鎚子是沉重的時候，我們的意思只是說，這個鎚子具有如此如此一種科學上決定了的重量，這種重量與我們自己之間是沒有直接關係的。

由此可見，在用具的模式中展現的環境，乃是「人的存有」在其實際關切的事務上所首先藉以接觸他的世界者。至於在對象的模

19　「模態」與「模式」意義無甚不同，僅為了修詞的原故而間有交互使用。

式中展現的環境，則是後來一種人為的建構而已。[20]

人在世界之中，除了與他的環境有關係之外，還與一種交共場區（communal region）有關。換言之，人與世界的關係，包括了環境和交共場區兩方面。為什麼說人與交共場區有關係呢？

海德格指出：人的世界是一個與他人共有的世界，換言之，人的世界是一個交共區。交共性是人的存有的基本特徵之一。無論人在孤獨的經驗中，或在與他人在一起的經驗中，都有交共性存在。與他人在一起時有交共性存在，這種說法我們會覺得明白。但我們也許會問：為什麼說人在孤獨的經驗中也有交共性存在呢？依海德格，孤獨性的本身，其實就是「與他人在一起」（Being-with）的一種不足的模式。人只能在他將孤獨性作為一種「交共關係的被剝奪」來看待時，才真能夠經驗到孤獨。因此，海德格認為：人的存有具有一種無可消去的交共性。無論在社會之中抑或在孤獨之中，人都是一種交共的存在者。

但事實上，大部分人卻都是在一種不真實（inauthentic）的交共模式中存在的。這種模式就是「無名氏」（Anonymous one，或「任一人」）的模式。

人在無名氏的模式中存在，就是在不真實的交共模式中將自己和他人都轉變成為對象，而人的獨一性亦由是而被剝奪了。這樣的「無名氏」，並沒有真正的個性。他只能夠在機械的習慣、既成的習俗、日常生活的約定等等範圍內活動。這種情形，海德格名之為

---

[20] 對這種分別海德格又用「at-handness」與「on-handness」或「readiness-to-hand」與「presence-at-hand」這樣的片語來表示。

「存在之日常性」（everydayness of existence）。

　　「無名氏」的存在的另一種性質，是「平均性」（averageness of leveling）。在這個情況中，人再沒有特出，也沒有創造，一切都被扯得平平板板的，中規中矩的。

　　此外，海德格指出：還有一種性質也屬於「無名氏」所有，那就是「羣眾性」（publicity）。「無名氏」將自己公諸羣眾，以羣眾的意見為意見，以羣眾的標準為標準，以羣眾的要求為要求，他只求適合羣眾，他喪失了自己，他沒有個性，他只是「人」這個類中的一分子，一個無足輕重、多一個少一個也沒有關係的分子，他再也沒有對自己個人的存在負責的決定；羣眾怎樣做，他就怎樣做，羣眾怎樣想，他就怎樣想，甚至連羣眾怎樣感受，他也怎樣感受。[21]

五、「人的存有」三情態

　　我們已經說過，海德格對「世界」的探討以及由此引出的關於「無名氏」的討論，目的是要藉此去深一層了解「在世界中的存有」，通過「在世界中的存有」再進而了解「人的存有」。上兩節我們說過海德格對「在世界中的存有」以及對「世界」的看法之後，現在我們正面介紹他對「人的存有」的看法。在他看來，「人的存有」有三種基本情態：一種是事實性（facticity），一種是存在性（existentiality），一種是墮陷性（fallenness）。

---

[21]　Cf. Heidegger, op. cit. pp.91-122.

(1) 事實性：人與他的世界恆是在一起的。當我們一生下來的時候，我們已經是一種被投擲在世界中的存有。沒有商量的餘地，我們會發覺自己已經處於一定的情境之中，而這個情境並不是我們自己創造出來的。它早已經是這個樣子，我們亦只是赤裸裸地「在那裏」而已。當人生下來時，他已經在那裏，他已經有了一個過去，他已經開始，他只是很多存有中的一個存有，很多既成事實中的一個事實，而這又是他無法不接受、無法不接受其為事實的。

簡括言之，我們可通過海德格所謂的「在那裏性」（thereness）、「被投擲性」（throwness）[22]等辭語，來了解他所謂的「事實性」。

(2) 存在性：人的存有雖然有「事實性」，換言之，雖然人是他所已經是的，但除此以外，人又是他所能夠成為的，即人又是他所可能是的。一方面，人發現他是一種已被投擲在世界中的存有；另一方面，人又能夠體驗到自由和責任，從而改變他的世界。就他已經有了一個過去而言，人是被界定的；但就他能夠成為「將可能是的」而言，人又是有待界定的；他可以重新界定自己。這就是「人的存有」（簡單地說就是「人」）的存在性。

這種特性展示出：人是作為一種可能、作為一種（向將來的）投射而呈現的。從「將來」的觀點看，存在性就是一種超越性。人的生命就是一種超越，朝著將來而行進，朝著開放的、充滿可能性的將來而行進。

(3) 墮陷性：人差不多都是常為「世界」所「引誘」的。具體

---

[22]　Ibid., p.174.

點說就是：我們的心靈常常不經不覺地就被無關緊要的事物（例如財產、物件）所吸引開去。

固然我們有時會努力去完成自己，但這種努力卻常為世界上無關緊要的事物所擊敗。在世界的個體存有物之間，我們迷失了自己，成為「存有的遺忘者」，遺忘了真正的自己究竟是什麼。面對自己的經驗，我們卻不知道其意義。我們喪失了作為一個人的那種「如臨深淵、如履薄冰」的存在感。我們將自己的生命虛耗，虛耗在無意義的事務、虛耗在莫名其妙的追求、以及虛耗在空虛的對象之間。我們讓對象及他人操縱自己，而不能反轉過來，讓對象和他人在我們面前展示他們自己的意義。我們只是機械地工作、玩樂、讓情緒控制著自己。像李商隱所說的，「錦瑟無端五十絃」，在海德格筆下，墮陷的 Dasein 也是一樣：莫名所以地，時間就溜走了；在我們還未弄清楚是什麼一回事之前，生命就消逝了，而且消逝得比我們預期的還快。在這種情境之中，人會變得神經質起來。他不時會覺得煩厭、不安——雖然看來並沒有任何令得他有這種感覺的真正理由。

Dasein 這種墮陷，表示出人在他目前的事物中喪失了自己。他見一日過一日，只有現在，遺忘了將來，遺忘了他可能成為什麼的可能性。他也沒有過去，目前的瑣事是他所關切的，過去的歷史是他所忘記回顧的。

墮陷的人有三種活動，通過對這三種活動的說明，我們可以更清楚地了解「墮陷性」的意思。

墮陷性的第一種表現是「漫不經心的言說」（idle talk）。這種言說是言說的一種不真實的模態。在這種言說的過程中，說話的

人只將日常的事情、將約定俗成的事情、將一般人公認的事情、將那些被羣眾膚淺地解釋了的事情麻木地重複著。這種言說只能反映出「無名氏」的世界，而不能成就具體的個人與個人之間的真正交通。海德格說：「表達自己的交談，就是交通。」[23]而漫不經心的言說卻非真正的交通。

堕陷性的第二種表現，是「好奇」（curiosity）。好奇是人的一種不安的欲望，要追問目前環境中的每一樣事物，但這種追問，卻不是為了要得到一種真實的解悟，而只是眩於新奇，只是為了要被這種新奇所分心，以忘卻個人存在的責任，忘卻個人存在的承擔。海德格所謂「好奇是關涉常有的分心之可能性的」[24]，即是這個意思。

堕陷性的第三種表現，是「晦澀」（ambiguity）。人在目前的事物的束縛中喪失了自己獨有的可能性（即他所可能是的，即他自己），於是有晦澀的情況出現。在這種情況之下，人在他目前的事物的圍困中浮沉，他的目標散漫不一，對於自己的存在，沒有一種清明的解悟。這時，「……對於什麼是在一種真正的解悟中呈現而什麼不是，即變成無法決定。」[25]

討論過 Dasein 的三種情態之後，現在我們可大概地明白「存有與時間」為什麼要以「時間」為書名的一部分了。「人的存有」之三種情態：事實性、存在性和堕陷性，是一一相應地植根於過去、將來和現在這三種時間模態的。Dasein 的三種情態與時間的

---

[23]　Ibid., p.211.

[24]　Ibid., p.216.

[25]　Ibid., p.217.

三種模態的關係，我們可以用這樣的三個辭語來表示：

> already-being-in-world,
> in-advance-of-itself,
> being-concerned-with-things-encountered-in-the-world.

前面我們已經說過，人與他的世界是不可分的，現在我們則可以看見，人與他的時間亦是不可分的。總括地說，人一生下來的時候即已經有了他、他的世界和他的時間。

六、焦慮，虛無，往死的存有

人是一種時間性的存有，同時人的時間又是有限的。人有一種基本的情懷，那就是焦慮（anxiety）。焦慮將人無可消去的有限性展露出來。

焦慮和懼怕（fear）不同。「懼怕」有確定的對象，這種對象或者屬於環境的世界，或者屬於交共的世界。換言之，一個人、一種用具……等等，都可能成為懼怕的對象，或者說，成為懼怕之所以產生的來源，但「焦慮」的對象卻是不確定的，沒有任何特殊的存有物能成為焦慮的來源。海德格認為焦慮的來源乃是虛無（nothingness）。通過焦慮的情懷，人體驗到虛無，而虛無即所以構成人的有限性者。

我們也許會覺得海德格這種說法很古怪：人是一種存有，虛無怎能構成人的有限性呢？我們的疑問，很可能是因我們以常識來看

海德格的哲學而起的。海德格所說的虛無，並不等於數學上的零，亦不能通過純粹思想的理論層面而被發現。思想常指向一種對象，但虛無卻不是一種確定的對象，它不能被客觀化或概念化。只有在一個先於理論的、現象學的層面，我們才能夠體驗到虛無。此所以海德格要強調，我們不能順著西方的重智傳統而存有有所解悟；要對存有有所解悟，須要走「先於概念」（preconceptual）的路線，而現象學即提供了這種方法。

將虛無呈現的焦慮，令得人要面對他自己根本的有限性。人的存在，並不是必然的，而只是一個偶然的事實——人可能成為虛無、成為一無所有。平常所謂的實在，其實只是表面的。當人體驗到虛無之後，這種表面的實在遂在他的面前破滅了。以前所謂的安全、滿足、有意義，現在都成問題了。人只是赤裸裸地在世界之中，他的存在，只是一項偶然，世界並不能提供什麼真實必然的保障。

焦慮除了通過虛無將人的有限性展露出來之外，同時亦展露出人的「暫時性」：人是一種朝向死亡行進的存有。

海德格哲學中的這種死亡，與一般人的思想中的死亡不同；後者我們可以名為「床上的死亡」。床上的死亡，其意義只是一種生物學上的終結，只是在一種被客觀化了的觀點下、藉著外在的觀察而被了解的。但海德格哲學中的死亡卻是直透人的獨一主體性的一種體驗：「每一個 Dasein 一定要死他自己的死」。這種死亡其實是存在的一種模式：通過自己的死亡，一個人才能成為獨一的存有。在人的整個生命過程中，每一時刻都存在著死亡的可能性。死亡是人最終的、也是無可移去的極限。悟到這種極限，人就悟到他

只有有限的可能性，同時當會對這有限的可能性負責，終而真實地抉擇自己作為一個整體。

這種負責，這種抉擇，是什麼意思呢？為什麼人體驗到死亡時會實踐這種負責和抉擇呢？

這是因為：人的可能性既是因死亡而成為有限的，換言之，人的生命不能無限延長，於是人即要對這種有限性負責，他不能漫不經意的抉擇，每一次抉擇都是一而不再的，每一次抉擇都有存在的緊要性。筆者以為：當我們能「認真地」體會到「一失足成千古恨」這句中國成語時，對海德格這種說法該不難了解。

既然人一生下來之後，隨時隨刻都有死亡來臨的可能，因此，他必須正視這種可能性，在每一時刻都肯定自己為一整全的存有。換言之，如果不死，那麼「將來」對他來說是開放的；但如果死，那麼他仍是完成的。不過，這種存在的態度並不容易實踐，大多數人都只是鴕鳥式地生活著。他們將死亡客觀化、外在化、對象化，避開死亡的獨一可能性，沒有切實地體驗「我，而且是單獨地，一定會面臨自己的死亡」這種意義。在大多數人的眼中，死亡只是「無名氏」的死亡，只是任何人的死亡，而不是我自己的獨一無二的死亡。

七、良知與罪咎

大多數人都只是像鴕鳥一樣逃避著死亡的真切意義，他們只是在「無名氏」的模式中生存著，遺忘了成為真正自己的可能性。但另一方面，人又是本來具有良知（conscience）的存有。良知提醒

我們關於自己的可能性。通過海德格所說的「罪咎」（guilt），我們可對「良知」有更確切的了解。

罪咎之感從何而來呢？海德格認為：罪咎之感是由良知所喚起的。我們不要將一般所謂的「罪惡」（其英譯也是「guilt」）與海德格所說的「罪咎」混為一談。一般所謂的罪惡，是從一種外在的、對象化的觀點來看的。例如在法庭中，某人被宣判為「有罪」，這種「有罪」其實只是由一個外在的法官所「判定」的。在這樣的意義之下有些人是有罪，但大部分人卻是沒有罪的。海德格所謂的「罪咎」，其意義卻不同了。罪咎與人恆關聯著。只要他是人，他就有虛無性和有限性，這點已經在前面討論過。現在海德格更進一步指出，只要人有虛無性和有限性，他就是有罪的。為什麼呢？

我們已經說過，Dasein 的情態之一是存在性，而存在性是植根於時間的將來模態的。人的將來是開放的，充滿各種屬於他的可能性。人可以自由擇選其中某些可能性而實現之。人永遠朝向將來前進，在每一時刻，他都要選擇某些可能性來實現，而在選擇的過程中，無可避免地，他總得捨棄他所不選擇的可能性。選擇某些可能性即必須犧牲另外一些可能性。這些沒有被選擇的可能性，在海德格看來仍然構成了人的存有之一部分，表示人的存有之中的虛無性。良知提醒我們關於自己的可能性，但事實上，我們永遠都只能在選擇某種可能性而排斥其他可能性的情況之中，只能在實現一個而犧牲其他的情況之中。海德格稱此為人的無可避免的「罪咎」。而罪咎之感，是由良知喚起的。為什麼說罪咎無可避免呢？因為，既然每一個行為都含有選擇，每一個選擇又涵蘊著罪咎，而人又不

可能沒有行為而存在，於是，罪咎即成為人的一種無法消除的性質了。

八、決心與存在的時間

經過以上各節討論，我們看見：在海德格的哲學中，人的存在是這麼破碎和不完整的；除了良知將人的罪咎喚起之外，人的焦慮更將他的有限性和虛無性呈露出來，而人的死亡之真實性亦令得他明白到自己只是一種暫時性的存有。人有沒有辦法超出這些存在的破碎，從而肯定自己的存有呢？

海德格的看法是肯定的：通過決心（resoluteness），人可以達到這種「超出」。

海德格所說的決心，與他對時間性的討論有密切的關係。他區分開兩種不同意義的時間：

> 第一種我們可名之為「鐘錶的時間」，
> 第二種我們可名之為「存在的時間」。

鐘錶的時間是量化的、客觀化的、可以科學地計度的時間。存在的時間則是質而非量的、主觀的、屬於人的時間。鐘錶的時間被認為是單向地流逝而永無終止的，由一串可以清楚區分且被客觀化對象化了的「現在」所組成。流逝了的時刻，人們就叫它做「過去」。會來但仍未來的時刻，人們就叫它做「將來」。人們認為過去是不再真實的，將來是仍未真實的，唯有現在，才最真實。人們一般都

是將現在看成一種實體（entities）。「無名氏」的存在，就是墮陷在「現在」之中而不自拔的存在。只有「現在」是他所關切的，過去和將來都被他遺忘了。「無名氏」的時間，是鐘錶的時間。但鐘錶的時間其實只適用於對象之上。「無名氏」的存在的不真實性，即由於他將自己化約為僅僅一個對象。

　　存在的時間與鐘錶的時間不同，存在的時間是一個整體：過去、現在以及將來三者是不可分割的。事實性、墮陷性和存在性這三種 Dasein 的情態，就是植根於存在的時間的。在存在的時間中，過去「仍然」是真實的，將來則「已經」是真實的，此二者是人的存有之根本。對鐘錶的時間而言，「現在」最重要；對存在的時間而言，則「將來」是最重要的：人的關切是傾向「將來」的。對鐘錶的時間而言，「過去」已經「完蛋」了；但對存在的時間而言，「過去」仍有它存在的真實性；再者，「過去」的可能性是可以重複的。通過存在的時間，人可對自己的「歷史性」（historicity）有一種本體論的了解。所謂「Dasein 歷史地存在」，意思就是說，人總是從一個「過去」出發，朝向一個「將來」行進，且在「現在」決定他自己要成為什麼。

　　由此我們可以再一次看見，海德格是何等強調要將時間的三態看作一個整體。現在的問題是：我們如何能夠在存在中將時間的三態連合起來呢？

　　這問題是不能以純理論來解答的，這是一個實踐的問題。海德格認為：人可以通過「決心」來將時間的三態連合。人要挺立起來，嚴肅地承擔起他獨一的過去，勇敢地面對著他自己的將來，且基於「過去和將來是一體的」這種態度，在當前的時刻作決定性的

抉擇。這樣，Dasein 的存在，就是真實的（authentic）存在。

但是，人的本性並非全部是「真實性」（墮陷性就是「人的存有」的情態之一），世界會再次引誘我們。當我們明白到這種引誘對我們的威脅時，我們即明白到由墮陷而引起的失落，我們即體驗到罪咎，而對罪咎之自覺，我們又會再次決心挺立起來，對時間的三態以整體看等，將時間的三態連合，又再次成為真實的存在。[26]「人的存有」的這種生命情態，海德格稱之為「慮」或「關切」（care or concern）。荆吾（M. King）即指出：在海德格的哲學中：「人的存有之全部結構……有『慮』之一名。」[27]

九、按 語

本節不算系統的批評，只是一些散列的提示。

我們在第一節已經提過，海德格的為人和哲學都是一個謎。沒有一個註釋者對其哲學的解釋能令他滿意。在卡蘭（Gray Kline）編的《今日的歐洲哲學》（*European Philosophy Today*）一書中我們看見對海德格有這樣的評語：「他的著作，對註釋者而言是充滿陷阱的」。[28]海德格常自創新辭，常將既有的辭語拆開來使用，令得他的讀者難免產生誤解，他亦被認為是一個曖昧難懂的哲學家。這種情形，有人認為是無聊的，「海德格說了一大堆愚話，他的文

---

[26]　Cf. Kohl, op. cit. & Magill, (ed.), op. cit.

[27]　M. King, Heidegger's Philosophy (Oxford 1964), p.50.

[28]　G.L. Kline (ed.), European Philosophy Today, (Chicago, 1965), p.57.

字常充斥著無意義」[29]，尤其是邏輯實徵論者，常將海德格哲學作為滑稽和無意義的典範。

在英國，海德格常被引來作為例子，指出形上學是多麼無意義。卡納普（R. Carnap）和艾耶（A.J. Ayer），對海德格都曾有這種批評。艾耶在《語言、真理與邏輯》中指出，海德格誤以為：每一個可以作為主詞（subject）的字或片語，都一定有所指涉，都一定在某些地方有實體相應；而既然有「虛無」一辭，則一定有一種非經驗的、神祕的東西，它的名字就是「虛無」。在艾耶看來，「虛無」之類的詞語，其可以作為語句的主詞，只是文法上的一個偶然。只因有「虛無」這辭語就以為有某種東西或實體：虛無；這是一個錯誤。[30]

「能作主詞的字或片語都一定有實體與之相應」，對這種看法艾耶所作的批評，筆者是同意的。但是，筆者卻不同意艾耶以這種批評施於海德格的哲學上。因為海德格根本沒有將「虛無」實體化，他曾明顯地說「虛無既非對象，亦完全不是任何存有物。」[31]

海德格的哲學，主要成績在於分析祈克果對人類處境的描述，從而轉化成為一種本體論。祈克果提出的是一套人生哲學，海德格提出的則是一個形上學系統。雖然在歐洲方面一般對海德格的評價都是很高的，例如波亨斯基即說「海德格是一個極度原創的思想

---

[29]　Ibid.但說者跟著表示此非海德格哲學之大弱點，他所關心的，是海德格哲學中「good and true」的地方。

[30]　Cf. A.J. Ayer, Language, Truth and Logic (2nd ed., 1946), pp.42-45.

[31]　Cf. J. Passmore, A Hundred Years of Philosophy (London, 1962), pp.466-467.

家。」[32]但亦有人認為海德格的哲學毫無新意，盧節魯（G. de
Ruggiero）在《存在主義》一書中，說他只不過將祈克果的思想在
一種形式有效性中人為地美化了而已，「除了一種形式的有效性，
一種複雜的文字技巧外，毫無真正的創新可言。」[33]存在主義的神
學家波底葉夫（R. Berdyaev）甚至認為海德格滑稽地將祈克果的主
題理性化，放進一個呆板而幾乎是經院式的系統中，「他將真正的
存在經驗放進理性範疇的緊身外衣中，而這些範疇卻是十分不適合
那種存在經驗的。」[34]

我們可以說，海德格的哲學和祈克果的哲學確有一些相似之
處，但海德洛的哲學是否確如盧節魯及波底葉夫等人所言呢？筆者
在這裏只寫了提示，答案留待讀者自己進一步研究好了。

[32] I.M. Bochenski, Contemporary European Philosophy (Calif., 1965), p.161.

[33] G. de Ruggiero, Existentialism (New York, 1948), p.61.

[34] 此處引自 Passmore, op. cit., p.467。

第五章 沙 特

一、引 言

　　二十世紀的存在主義者，在哲學圈子內，概以海德格的地位最高；但對一般的知識份子言，沙特（Jean-Paul Sartre）最為知名。沙特在非哲學界中有這麼大的名氣，原因很多，其中有兩點是：一來因為他寫了很多表現存在主義思想的小說和戲劇（一般地說，小說和戲劇總較嚴格的哲學論著更易流行），二來由於他在 1946 年寫了一篇簡短、淺易、通俗的哲學論文：〈存在主義是一種人文主義〉（Existentialism Is a Humanism），此文可作為存在主義的一般引言。

　　但除了較通俗的作品之外，沙特在 1943 年即完成了的代表作《存有與虛無》（*Being and Nothingness*），則是一部嚴格的哲學論著，「是一部艱深、範圍廣濶、且是高度專技的作品」。[1]有不少並非專治哲學的人士，常常喜歡提到存在主義，但他們所謂的

---

[1]　I.M. Bochenski, Contemporary European Philosophy (Eng. tran., California 1965), p.173.

「存在主義」，很多時候只是沙特的思想，甚至只是沙特思想的一鱗半爪而已，這是由於他們的根據只限於沙特的小說和戲劇，而無法接觸沙特正式的哲學思想之故。其實沙特在哲學上的地位，是以「存有與虛無」來奠定的。

在英語國家的哲學界中，有不少學者不將沙特看作正式的哲學家，而僅視他為小說家、雜文家、戲劇作家等。[2]但在法國的情況卻大為不同，「存有與虛無」得到極高的評價，被認為是一部極出色的本體論著作。除了在法國之外，歐陸方面，一般的哲學學者亦多對沙特非常重視。例如：波亨斯基（I.M. Bockenski）即承認「存有與虛無」是當代的哲學經典之一。有些人只看沙特的小說和戲劇，以為沙等思想是充滿詩意和浪漫氣息的。但實情正好相反，如波亨斯基所指出，沙特其實是一個嚴格的、專技的、具有原創性的「專業思想家」。固然，沙特重視存在的非理性成份，但這無傷於他的哲學系統本身為合理的、依嚴格的邏輯而發展的。[3]

沙特對於感情、事物、人與人之間的關係等，非常敏感。他對此常常一再考察，而不甘讓事情發生了就算。一般人的注意力，多集中在「正常」的事物方面，但在沙特的文學作品中，行動遲緩的或殘廢的角色卻常會出現。在沙特的分析下，即使是最簡單的動作，亦常有痛苦的自我反省或過度的反省所伴隨。這種色彩造成了沙特的哲學會令人有一種「不正常」的印象。但如果我們順著沙特的理路來看其哲學，我們將會發覺他的說法實在是言之成理、持之

---

[2]　J. Passmore, A Hundred Years of Philosophy (London, 1957, 1962), p.472。

[3]　Bochenski, op. cit., p.173.

有故的。

　　沙特於 1905 年在巴黎出生，曾在柏林跟從胡賽爾和海德格研究哲學；1935 至 1942 年間，取得教授資格。第二次世界大戰爆發後，他在法國軍中服務，直至在馬其諾陣線（Maginot Line）被俘為止。此後的九個月中，他被關進德軍的集中營，在那裏他為他的同伴寫劇本兼任戲劇導演。1941 年被釋，沙特參加了巴黎的反德活動，當了一個記者，在各地下報章寫稿。1943 年，他寫出了他的第一個劇本《蒼蠅》（*The Flies*），其中充滿宣揚自由而反對獨裁的思想。沙特的第一部大作，是一本小說，名為《嘔吐》（*Nausea*，或譯為《作嘔》），早在 1938 年已出版了。至於他在哲學上的代表作《存有與虛無》則在 1943 年出版。

　　1942 年，沙特辭去他的教授職，專門從事寫作。他相信一個作者必須拒絕被列入特定的制度中，是以在 1965 年時，他拒絕接受諾貝爾文學獎。沙特一向關心政治；他是主張亞爾及利亞獨立的法國作家中的一個代表人；此外，在 1965 年，他又謝絕美國方面的一個旅行演講，為的就是抗議美國軍隊在越南的任務。

　　沙特是當代法國存在主義的發言人，且是一個社會倫理問題的批評家。他的作品有純哲學著述、小說、戲劇以及論文等，這些論文，有的關於文學理論，有的關於心理分析。我們現在列出沙特一些哲學的及與哲學有關的著作如下（所附的年份俱以英譯本為據）：

Being and Nothingness（1957）

Existentialism Is a Humanism（1948）

Nausea（1949）

The Diary of Antoine Roquentin（1949）

Imagination: A Psychological Critique（1962）

Sketch for a Theory of the Emotions（1962）

The Psychology of Imagination（1948）

The Problem of Method（1964）

Situation (3 vols.), translated selections including the following three books:

What is Literature（1949）

Literary and Philosophical Essays（1955）

Essays in Aesthetics（1963）

The Age of Reason（1947）

The Flies: In Camera, in two Plays（1946）

The Reprieve（1948）

Three Plays（1949）

Words（1964）

最後我們舉一部不是沙特所作而是關於沙特的論文集：

Sartre: A Collection of Critical Essays, ed., E Kern（1962）

在沙特的哲學中，「荒謬」、「存在先於本質」、「自由」、「虛無」、「焦慮」、「被棄」、「絕望」等等術語，到今天已經成為一些流行的辭句，甚至成為一些流行的口頭語了。但將此等術語掛在口邊的人，其中有很多並不真的知道他們所說的其實是什麼意思。以下第二節到第五節的目的，就是要對上列術語的意義，提出一些解釋。但這幾節的內容，仍然只能算是一種「散論」而已。從第六節開始，到第十三節為止，我們始正式就沙特的代表作《存

有與虛無》進行一個系統的探討，將沙特這部名著的整個輪廓勾劃出來，至此，前述的「荒謬」、「絕望」……等概念在這裏即得到它們的系統位置及理論基礎。最後，我會在第十四和十五兩節提出一些補充性的按語以結束本文。

二、存在的荒謬性

對於荒謬（absurd），法國的存在主義者（尤其是卡繆和沙特）遠較德國的存在主義者更為重視和強調。沙特說存在是荒謬的，他的話有兩面意思。第一面意思是說事物之存在並無充份的理由；換第二面意思來說，事物是偶然（contingent）而不是必然的。[4]

《作嘔》是沙特的第一部小說，它幾乎「非系統性地」包含了沙特後來全部哲學思想的輪廓，例如「自由」、「墮落的信念」、「知覺現象」、「思想的本性」等等方面的觀念，都在本書中有了濫觴。這些問題，大都是本書中的「英雄」羅昆天（Antoine Roquentin）因發現世界的偶然性而引起的。

羅昆天在海濱站著，他拾起一塊小石，打算將它拋到海中，但當他看著那塊小石時，突然有一種奇異的、令人厭惡的恐懼感籠罩著他（小石的存在是偶然的，因而是荒謬的），他終於將那小石扔了而離開。跟著又有其他相似的感覺經驗隨著他；那又是一種對於對象物的害怕。當他在咖啡館注視著一杯啤酒時，他充滿了某種厭

4　A. MacIntyre, "Existentialism", in D.J. O'Connor (ed.), A Critical History of Western Philosophy (Glencoe, 1964), p.526.

惡;他在鏡前自照,又發覺到鏡中出現的面孔一點也不像人,而像一條魚。後來他到一個畫廊去,看到那些小資產階級自滿的面孔,他們的生活被種種制度包圍著,他們從不覺得他們的存在其實沒有理性保證而只是偶然的,就像一塊石、一杯酒、一個人的樣子那樣偶然。於是,羅昆天那種作嘔的感覺升起了。當他注視著電車的卡位時,他發覺,他只是喃喃地說「那是一個座位」,但這名稱卻停留在他的唇邊,拒絕走去加在那東西上面。東西僅僅「在那裏」,它們是古怪、頑強、令人覺得巨大的,稱它們為「座位」或給它們冠上任何其他的名稱是一件傻事。後來羅昆天到了一個公園中,他繼續反省:雖然他常常提到一些名稱,例如「海鷗」,但事實上他從沒有感覺過他所「稱謂的」東西存在。運用普遍的種名或類名是徒然的,逼在他眼前的只是一個個特殊的無所名狀的存在物。最後羅昆天發覺,存在的必是臃腫醜陋的,所謂理想的東西,例如圓,固然純粹,但在我們這個世界中卻沒有存在。[5]

一個圓,是合理的,但卻不存在。這裏所謂的「圓」,是指純幾何學上「理想的圓」。換言之,不是這個那個的圓形物,而是「圓的自己」(絕對的圓)。這個那麼的圓形物,是存在的,但此等圓形物,只是在外表上與絕對的圓相似,它們不能是絕對地圓的。沙特認為,絕對的圓並不存在。另一方面,例如一條錯節的樹根,是難以名狀的,我們無法恰當地說它是圓是方抑或是其他的形狀,它只是纏繞絞結地生長著。但它卻存在。在《作嘔》一書中正在看著一棵樹根的羅昆天,即感覺到那錯節的、無以名狀的樹根充

5　I. Murdoch, Sartre (London, 1968), pp.11-13.

塞著他的視覺，且不斷地將他領到它的存在那兒去。

　　從理性化的觀點出發，我們可以通過（例如）功能來「解釋」
或「說明」存在物。就剛才提到的樹根來說，我們可以說一株樹根
就「是」一個水泵，它具有吸水的「性質」，等等。很多人都認為
存在物就是由它們的性質構成其存在的。但依沙特的看法，這種觀
點只是理性化的結果。其實，一株樹根只是「在那裏」存在而已。
存在是偶然的，並沒有必然性或合理性。忽視了存在的偶然性（即
是說，並沒有必然的或合理的理由），而將事物的存在化約成一組
合理的範疇（例如性質或功能），實是「瞎眼」的結果。沙特指
出，存在物只是呈現它們自己，讓自己為他人所遇到而已。存在物
永遠不能被推演出來。換言之，存在物是事實上的東西而不是思想
中的概念。

　　思想中的概念，例如上述「絕對的圓」，在沙特看來，並沒有
存在。一個事件發生了，就只是一個事實發生了，其間沒有什麼理
由可言。宇宙間有生命，亦沒有什麼理由可言。存在本身就是不合
理的、「荒謬的」。其中沒有秩序、沒有結構。我們只是被投入世
界之中，我們永遠無法找出「所以會有我們」的理由。被投入世界
之後，我們只能發現事實。沙特在《作嘔》[6]中指出，所有的存在
物，擾擾攘攘，都不知所自來，又不知所何去。我們存在於世界那
裏，卻沒有任何為什麼會「在那裏」的理由。[7]

---

[6]　沙特所謂「作嘔」，意思指「我底事實性的滋味」（taste of my
　　facticity）。我們存在就是一個事實。

[7]　見 Sartre, Nausea, tran. By L. Alexander (Norfolk, Conn., 1949).

三、存在先於本質

上節說過沙特對存在的基本看法之後，現在我們進一步討論他所謂「存在先於本質」的意思。假設有人要製造一件物品，例如一把剪紙刀，在這把剪紙刀還沒有被製造出來以前，我們知道，製造它的工匠的心目中，必先存有這把剪紙刀是什麼形狀的、有什麼性質的、可以作什麼用途的，等等的概念（此等概念亦可適用於製造其他的剪紙刀）。於是我們就說，剪紙刀的本質（概念）先於它的存在。

當我們認為上帝是創造者的時候，我們常會將他看作天上的工匠。我們會認為，在上帝創造萬物之先，他心目中已十分清楚自己究竟要創造些什麼。因此，上帝依據他心中的概念[8]創造人，就正如工匠依據他心目中的概念製造剪紙刀一樣。所以，每一個人都不過是上帝的「聖心」之中某些概念的實現而已。結果是，人的本質（上帝心中的概念）乃被認為是先於人的存在的。這是通常對於人的本質和存在之間的關係的一般看法。即使在十八世紀的無神論哲學中，上帝的概念被摒除了，但仍沒有摒除「本質先於存在」的成見。這些無神論者認為：人類具有「人性」，「人性」是任何人所共同具有的本質，這就是「人的概念」，每一個人都不過是這個普遍的「人的概念」之特例而已。

沙特反對這種「本質先於存在」的看法。他是一個無神論者，否認上帝的存在，但同時，沙特與那些認為「人性」先於個別的人

8　在本書我們往往將「概念」（concept）與「觀念」（idea）視為同義的。

而存在的無神論者亦不同。沙特指出，無神論的存在主義者都一致地認為，如果上帝不存在，那麼，至少有一種東西的存在先於其本質，這種東西就是人。他說：「我們說存在先於本質究竟是什麼意思呢？我們的意思是說：人首先存在著，面對自己，在世界中起伏不定——然後界定他自己。」⁹人之所以為未被界定者，是由於開始時他本來就一無所有，稍後他才會成為某樣東西：他把自己塑造成為什麼即成為什麼。因此，在沙特看來，是無所謂人性不人性的，因為沒有上帝去創造這個概念，人只是赤裸裸地存在著。故沙特說：

> 人除了自我塑造之外，什麼也不是。這是存在主義的第一原則。¹⁰

【沙特所謂「存在先於本質」，其意思除了說「沒有什麼永恆的本質作為『觀念』而存在於上帝的心中」之外，同時亦指：根本就沒有客觀的本質，所謂「本質」其實只是人類的興趣和選擇所決定的。¹¹這樣一來，雖然沙特認為「存在先於本質」是存在主義的基本主張，但實情是否如此卻值得懷疑。有神論的存在主義者——例如祈克果、雅士培、馬色爾——是否取這種看法，固然大成問題；

9　Sartre, Existentialism Is a Humanism, in W. Kaufmann (ed.), Existentialism from Dostoevsky to Sartre (Ohio, 1956), p.290.

10　Ibid., p.291.

11　F. Copleston, Contemporary Philosophy: Studies of Logical Positivism and Existentialism (London, 1963), pp.126-127.

即使無神論的存在主義者如海德格，依他的哲學來看，他亦是不會完全同意沙特這種說法的。】

四、自由與虛無

在世界之上，沒有上帝存在；在世界之中，都是「荒謬的」事實，我們無法將事物套在合理的範疇中，事物只是「在那裏」存在著。在這樣的世界中存在的人，並不先就具有什麼本質，除了自我塑造之外，他什麼也不是。人存在，就得面對這個充滿冷酷無情的事實的世界。他會有一種厭煩而作嘔的感覺（nausea）。這樣子的世界是一個千鈞重擔（象徵地說），將人壓得透不過氣來。甚至會令人覺得，在這樣的一個世界之中，人簡直沒有活動的餘地：到處都是冷硬無情的、荒謬無可解釋的事實。沙特的問題是：人在這樣的世界中存在，他是如何能夠「自由」活動的呢？

《作嘔》一書中的「英雄」，是一個歷史家。他曾經一度認為：每一個事件當它完結之後，即成為一種「名譽上」的事件（仍然是事件）。這個歷史家當時覺得，「虛無」是難以想像的。但後來他的想法卻不同了，他看出所謂事物，其實僅是它們所呈現出來的現象，在它們的背後，一無所有。換言之，當事物不再呈現的時候，它們就「死了」，並沒有什麼完結了但仍然是名譽上的事物可言。這是沙特在《存有與虛無》中所謂「在現象外沒有『超越的對象』（transcendental objects）」的一個涵意；亦是他在「存在主義是一種人文主義」中所謂「離開愛的行為即沒有愛」的一個意思。所以他說：「除了表現在藝術作品中的天才之外，並沒有天才。普

魯斯特的天才，就是普魯斯特的作品之總和」。[12]因此，平常所謂
「某某人雖然一生為非作歹，但他的本質其實是良善的」這類的
話，在沙特看來，根本沒有意義，只是一般人的遁辭。順著沙特這
種思想看，不但上帝是死的，連「過去」也是如此。結果是：我們
的每一行動都是「自由的」，因為現在的行動和過去的行動之間完
全沒有任何的關連（過去是死的）。行動和行動之間由虛無來將它
們分開，將它們的關連切斷（由虛無來將行動和行動分開，其實就
是沙特所謂「自由」的一個主要的意思。沙特哲學中的「自由」和
正統哲學中的「自由」，其意義並不完全相同。認識了這點之後，
當可減少我們讀到沙特關於自由的說法時所可能產生的古怪之
感。）

　　也許我們仍會覺得沙特的說法古怪：在世界中發生的事件，難
道不是由科學上的自然律所支配的嗎？我們怎能說人的每一個行動
都是自由的呢？對這些疑問的解答，其關鍵在了解到沙特所說的
「自由」，是有其特殊意義的。在沙特看來，當我們說「不」，甚
至只要我們的心中有一否定的時候，我們就是自由的了。如果人可
以說有一種「本性」的話，那麼這種「本性」就是：它沒有任何的
本性，它不基於在過去已經建立起來且在現在決定我們底行動的事
件，而是基於對自己的將來可以任意抉擇。在這種意義下，「我」
是一個可以行動的純粹可能，一種不是存有的存有，或者說，一種
非存有（non-being），而這種「非存有」卻是存在的（existing）。

　　在一般的分析哲學家看來，這種說法簡直令人不可忍受，是痴

12　Sartre, Existentialism Is a Humanism, loc. cit. p.300.

人說夢，「不知他說些什麼」。但如果我們順著沙特的思路來看，則這也不是不可理解的。既然存在物就是一系列呈現出來的現象（雖然這系列的現象是不可窮盡的、無限的，但總是現象），而人的「本性」又是基於對自己的將來可以任意抉擇，是一種純粹的可能性，而不是個別的現象；因此，順此而推，在這種意義下的「我」，就只有是一種不是存有的存有，一種存在的「非存有」了。存在主義者雖然一般都反對黑格爾，但事實上在不少地方都受了黑格爾的影響。如果讀者已經認識黑格爾的辯證法，那麼對沙特這種關於存有、非存有、虛無等看似離奇古怪的說法，當可較易了解。（雖然沙特和黑格爾兩人在這方面的說法，並非完全一樣。）

　　一般的看法是：如果人有自由，人的自由亦只能是間中出現的。換言之，人有時自由有時卻不自由。但沙特認為：人要嗎就是完全自由的，要嗎就是完全受決定的。如果人有一般所謂「本性」的話，那麼這個本性就會將人完全決定。但人的「本性」就是它不具有任何一般所說的「本性」，它只是一個純粹的可能，因此，人是完全自由的。沙特認為：人不單止自由，而且不能夠不自由，「人不能夠不自由」這個事實，就是「自由的事實性」。[13]他說：我們就是作抉擇的自由，而不是我們去抉擇成為自由的。簡言之，我們注定了是自由的！我們沒有不自由的自由！這可說是沙特哲學中的一個吊詭（paradox）。自由不是一般的存有，但它又是人的存有，於是，人的存有就只有是一種非存有了。所以說，人不是任何

13　Cf. C. Smith, Contemporary French Philosophy: A Studies in Norms and Values (London, 1964), p.29.

東西，他就是作為「不是任何東西」而存在的。

　　在宇宙之內，一方面是冷硬無情的荒謬事實，另一方面又是絕對的自由，這種世界，沙特自己也承認對很多人來說是很可怕的。這些人會「製造」一些世界，例如科學的世界或宗教的世界。他們寧可躲在這些自己造出來的世界中而不敢面對真實。他們覺得這些世界較為安定，較能為他們的情感所接受。但沙特認為：他們其實不能在科學或宗教之中得到真的安定，事實上他們的世界是一個苟且的、模模糊糊的世界。這種像粘膠一樣的模糊性，結果是會像池沼一樣將他們的真正自己吞掉的。

五、焦慮，被棄，絕望

　　經過以上三節的討論，我們知道：世界中的事物，只是「在那裏」存在，它們的存在沒有理由可以解釋，是荒謬的，我們不能將存在物套在合理的本質範疇（概念範疇）之中，存在是先於本質的。在世界之上，也沒有一個作為人和事物的「靠山」的上帝存在，沒有上帝來限制人，也沒有「過去」來將人決定。本身就具有虛無性的人，注定了是絕對地自由的。本節要討論的是：這樣「赤裸裸」地在世界中存在的人，其處境是怎樣的呢？沙特認為：人會覺得焦慮、被棄而且絕望。

(A) 焦慮

　　關於沙特所說的「焦慮」或「焦痛」（anquish），首先讓我們看一個他引祈克果所舉的例：「亞伯拉罕的痛苦」。亞伯拉罕是舊

約聖經中一個極有宗教地位的義人，有一次上帝差遣天使去命令亞伯拉罕將自己的兒子以撒犧牲來祭上帝。遇到這種情形出現的時候，亞伯拉罕至少應面臨兩個問題。第一個問題是：命令他犧牲兒子的究竟是否確為天使呢？第二個問題是：他自己究竟是不是亞伯拉罕呢？誰也不能證明發命令的聲音真是來自天堂而非地獄，誰也不能證明真是我聽到某種外界的聲音而非我自己的潛意識在作祟。為什麼誰也不能證明呢？因為即使有一個「誰」出來作證，但又有哪一個另外的「誰」來作證原先的「誰」的證明是可靠的呢？當一個司令員負起進攻的責任時，雖然他是奉了上級之命而行事的，但那簡略的命令卻是要由他來作具體的詮釋和運用的。所以，如果他那次任務斷送了不少人的生命，那麼他應會覺得責無旁貸，因為是「他」接受命令，是「他」詮釋命令，是「他」單獨地抉擇那樣做的。在抉擇的時候，他無法不感到一定的焦慮。所有的領導人都會知道這樣的焦慮。沙特說：「每一件事發生在每一個人的身上，都好像全人類的眼睛都盯住了他所做的，因而將其行徑規範了。」[14]

　　當然，有很多人會以為他們某些所作所為，只是一些私人活動，「干卿底事」，別人是不會被牽涉到的。如果你問他們：「假如每個人都這樣做的話，會有什麼後果呢？」他們會聳聳肩回答說：「不會每個人都這樣做的。」沙特指出，事實上一個人應該時時問他自己，如果每個人都像他一樣做的時候會有什麼後果。除非藉著一種自我欺騙，沒有人能逃避這種困擾的思想。總括起來，沙特這樣解釋存在主義所謂的「焦慮」：「當一個人將自己投身於任

---

[14] Sartre, Existentialism Is a Humanism, lot. cit., p.293.

何事情，充份認識到他不只是正在抉擇他將會成為什麼，而且還會因此而同時成為一個決定全人類的立法者——在這個時刻，人就不能從完全而深重的責任感中逃避開。」[15]

(B) 被棄

現在我們看沙特所謂「被棄」（abandonment）的問題。沙特指出：「當我們說及『被棄』的時候……我們的意思只是說，上帝不存在，且必須貫徹他不存在的後果。」[16]

當上帝不存在的時候，一切從上天發現價值的可能性亦因而成為泡影。這時所謂客觀的價值標準再也沒有了，所謂先驗的善也是一樣無處可尋。沙特曾引杜斯妥也夫斯基的話來表示人的這種處境：「如果上帝不存在，那麼任何事情都被允許。」沙特認為：在這種處境中的人，實際上就是被棄了。人沒有了靠山，他只得一切由自己去決定，他無法尋獲外在的價值標準來規範自己的行為。沙特說：「我們被孤單地遺留下來，沒有任何的藉口。這就是我說人被宣判為自由的意思。」[17]

沙特曾舉一個關於「被棄」的例子。他有一個學生，處於忠孝不能兩全的尷尬處境中，走來向沙特請求給他指導如何抉擇：做孝子呢抑或做志士。沙特指出，沒有什麼能幫助他的學生抉擇：例如基督教的教條吧，在此是無能為力的。基督教的教條說：要以仁愛待人，愛你的鄰居，為他人犧牲自己，選擇最難的途徑，等等。但

15　Ibid., p.292.

16　Ibid., p.294.

17　Ibid., p.295.

什麼是最難的途徑呢？我們欠誰更多兄弟之愛呢？是愛國志士抑或是母親？在為整個社會而作戰的廣泛目的與幫助一個特殊的個人（母親）作生存的確定目的之間，那一個目的更為有用呢？誰能先驗地給出一個答覆？沒有人能夠。也沒有任何倫理聖典能夠。也許我們會說，這個學生至少已到教授那裏求教，教授的意見在這時即成了他的指導。但事實上，到「哪」一個教授處求教，「接受不接受」該教授的意見，這些問題，仍然在於該學生自己的抉擇。因此，最後沙特給他學生的答覆只是：

> 你是自由的，所以抉擇吧——這即是：創造。[18]

(C) 絕望

最後，我們討論沙特所謂「絕望」（dispair）的意思。如果我們預算有一個朋友到訪，他可能乘火車而來，亦可能乘電車而來，我們會預設火車將準時到達或預設電車將不會出軌。這時我們雖處於可能性的領域之內，但除了嚴格地與一個人的行為有關的可能性外，對超出於此的可能性，人們是不會寄以任何倚望的。因為上帝不存在，沒有一個上帝來給我們作事先安排，所以我們必須不靠任何希冀而行動。換言之，在此世界中，我們是絕望的。

---

[18]　Ibid., pp.297-298.

六、「在己存有」與「對己存有」

　　以上各節只是散列地討論沙特思想中一些重要的概念。但沙特是不止於此的，他是一個具有深厚的傳統哲學訓練的哲學家。在其代表作《存有與虛無》中，他給出的是一個嚴格的哲學系統，以上各節所說的概念都可在這系統中得到一定的位置和理論根據。以下我們討論這部著作的主要思想。

　　康德認為：在現象的背後，還有一種存有，這種存有不是人類的經驗所能達到的。康德稱此為「物自體」（thing-in-itself）。但在沙特的「現象學的本體論」[19]中，這種在現象背後的「物自體」是沒有的。（因為：如果我們撇開概念思考，讓直接經驗的本來面目自己呈現——這就是所謂「現象學的方法」——我們所有的，就只是對現象的經驗。而所謂「物自體」，在存有的範圍內，不過是一個缺乏根據的、多餘的項目而已。）沙特說：「一個電流並沒有一個神秘的背後一面；它不是什麼，只是顯現它的理化作用的總和（電解、碳絲的灼熱、檢流計針的變位，等等）。」[20]

　　康德的現象與自體（或現象與實在）的二元論被沙特摒棄了，沙特表示：全部的實在都是現象，現象不標示什麼，除了它們自己。因此，存有的範圍就是現象的範圍，現象的範圍就是存有的範圍（即是說，兩者是等範的）。不過，雖然沒有什麼「物自體」躲在存有現象的背後，但我們仍無法藉著特定的範疇或知識來將存有

---

[19]　見《存有與虛無》的副題。

[20]　Sartre, Being and Nothingness: An Essay on Phenomenological Ontology (New York: Washington Square Press, 1966), pp.liii-liv.

描述淨盡。意識永不能透過存有的全部。存有固可化約為顯示存有的現象全體，但卻沒有任何人類的特定眼界能夠窮盡存有。被發現的現象總會暗示還有未被發現的現象。簡言之：雖然存有現象的背後沒有物自體，但存有仍不會在其某一現象的方面被窮盡（exhausted）。存有的這種本性（與現象的範圍相等卻不為特定的現象所限），沙特名之為「交互現象性」（trans phenomenality）。[21]

以上是對存有的一般性描述。進一步，沙特表示：對存有分析的結果，顯出存有可分為兩型。一型是「在己存有」（being-in-itself），另一型是「對己存有」（being-for-itself）。沙特認為：每一個人都一方面可能作為一個物理對象而存在，另一方面又可能作為一個純粹的靈知或意識（consciousness）而存在。作為一個物理對象而存在時，人屬於「在己存有」；作為一個意識而存在時，人是一種「對己存有」。

「在己存有」概等於沒有靈知的事物世界。這種存有是充實、固定、自足、完全給與（wholly given）的。這種存有（名詞）為什麼存有（動詞），則沒有理由可言。它不是由創造而來，「絕對的偶然性」是它的特色。沙特認為：無論什麼東西，如果是存在的（即如果是具體地存有的），則是自己實現的。「在己存有」並不含有「潛在」在其中，所謂潛在的東西，根本不存在。我們在前面已經說過，沙特認為普魯斯特的天才就只是普魯斯特底作品的總和；因此，說「有一個具有潛在的寫詩天才但一生沒有寫過一首詩的詩人」這樣的話是沒有意義的。一株綠枝，並不倚賴一種神聖的

---

[21] Ibid., p.lix.

觀念（divine idea）而生長，它只是存在著，僅此而已。換言之，一個存有物是無所倚的，它的存有即在其自身。在己存有既不主動也不被動，既不肯定也不否定，它是充實的，它只是存有，它只是它自己。故沙特說：

在己存有永不會或可能或不可能。它存在著。[22]

對在己存有而言，其他存有是被排斥的。在在己存有內，除了它自己的存有就沒有其他的存有。各在己存有孤立而互不相涉。所謂發展（becoming），對於在己存有來說，只是各各之間一種條件性的、機械性的「發展」，其實並無「發展」的真義，因為，它們的存有根本沒有改變，也不可能改變。事實上它們毋需改變，毋需繼續不斷地創造自己的存有，因為它們就「是」存有自己。

現在的問題是：在這樣一個機械的、充實不靈的世界中，一種自由的、能知的存有（作為一種靈知或意識而存在的人），如何能夠出現、如何能夠活動呢？這樣沙特即提出關於「對己存有」的說法。

在充塞著在己存有的事實世界中，照沙特的說法，還有一型與在己存有完全不同的存有，這就是「對己存有」。「對己存有」是空的，作為一種靈知或意識而存在的人就是「對己存有」，因此，在充實不靈的世界中，人仍有自由活動的餘地。「在己存有」是固定、完全自足、沒有潛在的；「對己存有」與此相反，「對己存

22　Ibid., p.lxxix.

有」是不固定、不完全、且是潛在的。「在己存有」概等於沒有靈知的事物世界,「對己存有」概等於人的靈知或意識。這兩型存有的「本體論地位」並不相等,「在己存有」本體論地(ontologically)先於「對己存有」。沒有前者,後者不可思議。後者來自前者之被虛無地否定。或者說,後者是前者之虛無。至於「所以能夠虛無」的能力,其來源則是一個神秘。「對己存有」只是發覺它自己「在那裏」(there),與絕對充實的「在己存有」之間有著一段無法克服的距離。[23]

七、隔裂的後果

在己存有與對己存有間的隔裂,結果令得沙特的哲學中先後引進了「虛無」、「自由」、「焦慮」等概念。(前述的虛無、自由、及「存在先於本質」等說法於是在沙特的系統中得到一定的理論位置。)

人的意識就是在己存有以外的對己存有,虛無即通過人的意識而進入世界,因為:物理對象或在己存有是充實的,人的意識或對己存有則是空的,故虛無之來到世界,就只有通過人的意識了。在黑格爾的哲學中,「存有」與「虛無」都是辯證的概念,它們的本體論地位是相等的。但沙特指出:虛無依存於存有,存有卻不依存於虛無。虛無不是與存有互補的一個抽象觀念,它亦不能脫離存

---

[23] Cf. Bochenski, op. cit., §18; F.N. Magill (ed.), Masterpieces of World Philosophy (London, 1963), pp.1080-1089; Sartre, Being and Nothingness Introd., §V1 & Ch. 1, §1.

有，不能在存有以外被思議。反之，虛無必在存有的心中，它的存有只是一種「借來的存有」。像海德格一樣，沙特不認為否定的判斷是虛無的來源和基礎，反之，他認為虛無才是否定的判斷底來源和基礎；如果沒有虛無存在，對存有的否定就不可能。在人的預期或向將來的投向中，我們即可發現虛無的存在。例如當一架汽車壞了的時候，我們檢查裏面的化氣機，這時我們會發現「『沒有東西』在裏面」（不是「沒有『東西』在裏面」）。於是，我們就會經驗到虛無的存在了。又例如，我們期望在某咖啡館遇到一個朋友皮爾（Pierre），但當我們發現皮爾不在那裏時，我們那種「遇到皮爾」的期望即造成了「皮爾不在咖啡館」這個事件，這個事件是屬於那咖啡館，在那咖啡館裏發生的。故沙特認為虛無也是「有」，這種「有」與正式的有（在己存有）不同，它基於人的期望而成為真實的事件。通常我們會將虛無視為一種「呈現底不在」（absence of presence），例如「不是『裏面有東西』」，或「不是『皮爾在咖啡館裏』」；沙特則將虛無視為一種「不在底呈現」（presence of absence），例如「裏面有『不是東西』」，或「是『皮爾不在咖啡館裏』」。在一些分析哲學家看來，沙特這種說法只是一種將否定命題實體化的謬誤。他們認為所謂「皮爾不在咖啡館裏」，其實只是「皮爾在咖啡館裏」這命題的一個邏輯否定式。如果以「P」代前者，則後者只不過是「~P」。前者通過一種否定的邏輯操作（logical operation）即得到後者。因此，事實世界中本沒有上述兩種不同的事件，二者其實只是邏輯層面上的兩個命題而已。依筆者之見，沙特與分析家在這個問題上的分歧，關鍵在於兩方面對「存有」所給的意義各不相同。一般的分析家多認為只有可

造成人的感官經驗（sense experience）的才是存有；但沙特則認為可能造成人的情意感受（例如由「期望」而引生的感受）的也算是存有（虛無的存有）。

討論過虛無之後，現在的問題是：作為意識而存在的人，他的存有必須是怎樣的一種存有，然後他才能夠是虛無所藉以進入世界的中介呢？沙特的回答是：人的存有就是他的自由。

如果人受他的過去所決定，那麼他就不能夠抉擇；但事實上人會抉擇，因此人將他的過去否定了。何以人能夠否定呢？在沙特看來，這是因為人自己就是虛無的，在我們的意識本身以及所意識的對象之間，即為一片虛無所在。既然人的特色在於他是虛無的（對己存有），因此，人沒有一定的本質、沒有一定的本性。如果一定要說人總有本性或本質的話，那麼，他的「本質」就是他的自由，而他的自由就是：不具任何本質。所以人是待定的。既然人的「本質」就是他的自由，他不是被定的而是有待自己決定自己的，因此，我不能確定地說人「是什麼什麼」，因為自己可以決定自己的人是可以「不是什麼什麼的」。人首先存在，然後才是什麼什麼，但他不是一成不變的，將來的他可以是什麼也可以不是什麼。簡言之，「人的存在先於他的本質」。

不過這點卻非一般人都能認識到。一般人都不敢面對將來，不敢由自己決定將來，而只是奉「過去」為原則。他們只是人云亦云地以為人有一定的本性、一定的本質，以為在他們自己還沒有出生之前，這種本質先就已經有了。他們認為本質是先於存在的。在這種意義下，其實他們都以為人是被決定的，他們會用各種方式來逃避自由。但依沙特的哲學，人在這方面的努力注定要失敗；對於自

由，人無法逃避，因為人基本上就是對己存有，他是虛無的，他就是他的自由。[24]

　　這裏所說的自由，並不是跟人的本性有某種關連的一種性質。在沙特的哲學中，自由「就是」人的本性，他指出，我們所謂的自由，不可能從人的存有被分別開來。人並不首先存在然後藉此得到自由；在人的存有與他的「是自由」之間，並無任何分別。我們能夠提出關於將來的問題，即表示將來是開放的，是完全未決定的，在我們面前呈現的是無窮的可能性。我們可以自由地作決定，而此決定對於將來會發什麼又是一種決定性的因素，故在任何時刻中，我們都能夠將自己的意識從過去脫離出來，我們的意識是絕對獨立而不被決定的自由意識。因此沙特表示：「……能夠否定世界的全部或部分，其條件就是人將虛無帶到了他自身之內，以致他自己就是虛無，將他的現在從它所有的過去分離開來。」[25]

　　自由就是意識的存有，意識必作為自由的意識而存在。什麼時候我們會發現自己的自由意識呢？沙特指出，我們的焦慮會將我們底意識的自由顯露出來。

---

[24]　本章至此已經簡介過沙特所說的「對己存有」、「意識」、「虛無」。在他的哲學中。這三個辭語的被指謂項（denotata）其實是相同的。如格連（N.N. Greene）所指出，在此「每一辭語代表同一現象的不同方面」：就其為個人的特徵言，此現象稱為「人的意識」；就其為略通透的知覺，覺到某些它所不是的東西言，則稱為「虛無」；通過它，存有對自己有自覺，就此點言，這現象稱為「對己存有」。見 N.N. Greene, Jean-Paul Sartre: The Existentialist Ethics (Michigan, 1960), p.17。

[25]　在此我們將「human reality」簡譯成「人」。見 Sartre, Being and Nothingness, p.34。

「懼怕」有一定的對象在世界中，焦慮卻沒有，它只是一種反省的覺悟，悟到「自己」就是自由，悟到在我的「自己」與我的過去及將來之間只是一片虛無，以致我必須繼續不停抉擇自己，且沒有任何東西能保證我所抉擇的價值為有效。詳細點說，焦慮有不同的兩面，一面是面對將來的焦慮，另一面是面對過去的焦慮。我們仍然不是將來的自己，因為將來仍未實現。雖然，「在我將來的存有與現在的存有之間已經有一種關係〔我們通常都視自己將來的存有為現在的存有之一種擴延〕。但，一種虛無卻溜進了這關係的心中；我不是我將會是的自己。第一、我不是那個自己，因為時間將我從它分隔開來。第二、我不是那個存有，因為我現在所是的，並不是我將會是的的基礎。最後，我不是那個自己，因為沒有任何實際的存在能夠嚴格地決定我將會是什麼。」[26]現在的自己與將來的自己固然分開，現在的自己與過去的自己亦然，因為，過去的自己是決定了的，現在的自己卻是絕對的自由。我的過去不能影響我的現在，因為我的意識是自由的，而自由是空的。「本質就是已經是的」（Essence is what has been），故自由沒有本質。如果要說自由有本質，那麼此所謂本質，只是自由通過其活動所得到的內容，但此內容又會立刻被自由所超越。由此可見，作為自由而存在的人，跟他的過去是分開的，或者說，跟他的本質是分開的。（前述「存在先於本質」，在此即得一理論根據。）

當覺悟到自己其實是在上述的處境中（自己的現在與過去及將來之間是一虛無）的時候，人就會有焦慮產生了，而焦慮又恰好將

26　Ibid., p.38.

人的自由顯露出來（因是虛無，故是自由）。

八、墮落的信念

當人想從焦慮中解放出來時，「墮落的信念」（bad faith）就會由是而出現。

墮落的信念是自我欺騙的一型，它與說謊有相似的地方，但又不全等於說謊。當我們說謊時，我們是向他人隱瞞實情；但當我們具有墮落的信念時，我們卻是自己向自己隱瞞著實情。說謊的行為是一種說謊者與被騙者之間的兩端關係，這關係的兩端是不同的兩個人。墮落的信念的行為在邏輯上也可說是一種兩端關係，但此關係的兩端卻是相同的一個人。所以沙特說：

　　墮落的信念就是對自己的一種欺騙。[27]

舉例來說，有一個女人，她同意跟一個好色的追求者外出。她完全知道追求者的企圖是什麼，並知道遲早她必得對此作一決定。這種決定很快就應臨到她身上了，因為那個追求者要撫吻她的手。這時，如果她由得她的手放在那裏，那麼就會鼓舞該追求者作進一步的要求；但如果她將手縮回來的話，又很可能使得她跟那追求者的關係不能再維持下去。處此情況之下，她是必得立刻作一決定的了。但她不然，她儘可能地想辦法去拖延這個決定。她一方面讓她

27　Ibid., p.57.

的手留在追求者那裏，另一方面又要不注意到自己的這種做法。這就是所謂「墮落的信念」了。在墮落的信念中，那女人變得完全是理智性的，她將自己的靈魂和身體隔裂，將自己的身體轉成一個純粹的對象，一個在「在己存有」的模態中的物理對象。這時，她的手不過是一種「東西」，既不會同意，亦不會反抗，結果她將自己整個人都對象化，成為不折不扣的「在己存有」，從作為一個「對己存有」的模態中逃離出來。既是在己存有，即無所謂抉擇，因此她就喪失了自己的主體性，喪失了自己的自由，只在墮落的信念中存在。在墮落的信念中存在時，人即喪失了自己。故沙特說：「如果人是他所是的，那麼，墮落的信念就永不可能。」**28**

墮落的信念又可分為兩型。在第一型墮落的信念中，我們拒絕認識自己的自由，並裝作是一種在己存有而不是對己存有。此外，還有第二型墮落的信念，在此，我們裝作就是他人所看見的樣子。這時，一個人會謹遵別人的意志，同意自己是別人認為他所是的那樣的一個人。例如一個咖啡館中的侍役，他的動作敏捷，他的鞠躬有點過份，他的聲音、眼神，在顧客點菜時會顯得過份著緊。本來，他不會僅僅是一個侍役（他可能又是一個口琴吹奏者，是一個自修生，等等。此外他更是他自己的存有）。作為一個侍役，只是他各種身份中的一種，是他在別人面前出現的一種表象（representation）。但假如他就以為自己的存有只是一個侍役的話，那麼，他是在第二型「墮落的信念」中了：他由得自己成為別人認為他所是的一個東西。

28　Ibid., p.71.

九、意　識

在沙特的系統中，由在己存有與對己存有的分裂，引出了「虛無」的概念，由「虛無」又引到對「自由」的覺悟，再由「自由」而反省到「焦慮」，由「焦慮」而引到對「墮落的信念」的認識，其間的理路線索是十分緊湊的。從「墮落的信念」再追尋下去，我們發覺，如果沒有作為意識而存在的對己存有，那麼「墮落的信念」是不可能出現的（在己存有無所謂自欺），換言之，意識的存有是「墮落的信念」之所以可能的基礎。至此，沙特的問題是：「作為意識而存在的對己存有，具有怎樣的結構？」本節討論意識，下一節討論對己存有的詳細結構：事實性、價值、可能性，由是提供對此問題的解答。

如果我們考察意識中的感官知覺，初時我們很易會將它想像成一系列速映的攝取。洛克、巴克萊、休謨等英國傳統的經驗論者，他們關於感官知覺的學說底背後，依摩多（H. Murdoch）所言[29]，即有上述的一種看法在。據他們的學說，知覺是某類速映，而其他例如感情等的精神活動，又是另外一類的速映。康德和黑格爾要推倒此一看法，他們提出了關於觀念底「意義」的問題，及關於主體如何形成觀念並改變它們的問題。至於沙特，他指出我們根本就不能夠省察自己的意識狀態，因為意識狀態根本「不像東西」。他要做的工作，是藉著說明「我們怎樣看世界」來展示「世界是像什麼樣子的」。在沙特看來，意識就像一個斜坡，我們無法在上面停

---

[29]　Murdoch, op. cit., p.86.

留，我們無法像察視和保留我們所意識到的東西一樣察視和保留我們的意識本身。我們只有認識到意識根本是一虛無之後，才能夠研究這種作為虛無的意識底性質。

意識是人之所以是人的特徵，它不是實質性的。沙特指出：意識沒有實質，它是純粹的「呈現」，這即是說，意識是一型特別的存在，它本身是空的，如果說它有內容，那麼此所謂內容只是它所意識到的對象而已。去意識就等於去意識某某東西，故意識一方面指向它自身之外的東西，同時又將自己與此東西分開來。意識雖然是空的，但它又是絕對的，因為它是一種超越，它可以超越任何的可能性。如果沒有超越，可能性也就失去了意義，可能之所以是可能，就是因為有超越。沙特認為：「它的存有就是所有可能性的來源及條件，它的存在涵蘊著它的本質」，並且，「它只被它自己所限制」。[30]因此，意識在沙特的哲學中是一絕對，而此絕對是空的。

沙特所說的意識之所以是不含內容、沒有本質的空存在，是因為：所有成為意識底內容的，事實上都是從對象而來，故意識是空的，它什麼也不是，它就是「不是」。如果它是一特定的存有，那麼它就是充實的，它即不能容納其他的對象，它即不能夠超越，它即不能夠意識。但意識之所以為意識，乃在於它能夠意識，能夠容納其他對象，而「在己存有，就是意識的對象」[31]，既然在己存有是充實的、排他的，它不能容納其他的存有，所以意識只能是「非

30　Sartre, *Being and Nothingness*, p.lxv.

31　Ibid., p.755.

存有」了。

　　沙特認為：所有意識都是意向性的（intentional），這即是說，意識總有意識的對象，在這方面，他的說法與白連坦諾、胡賽爾等人的說法相似。進一步，他指出，意識不但意識外物，同時又會意識到它自己。如若不然的話，那麼，當我們意識到（例如）一張枱子的時候，我們就會一方面意識到一張枱子同時又沒有意識到這回事。沙特認為這種無意識的意識，是矛盾的。他所特別提出的意識，是一種在每一知覺發生時都出現的「自我意識（self-consciousness）」，而不是一種將自我作為「對象」的意識。意識總能夠意識到它自己為一意識。所謂「自我」，其實是由此引生出來的。這種自我意識先於笛卡兒的「我思」，自我意識本身就是一型存有（非存有），而「我思」只是這種意識次一步反省的產物。

　　詳細點說，經過進一步的分析，在沙特的哲學中，意識可分為兩種。第一種是「非方向意識」（nonpositional consciousness），第二種是「方向意識」。非方向意識是人的基始靈覺，在我們能夠反省之先，就已經有了這種意識，故沙特稱之為「先於反省的我思」（pre-reflective cogito）。非方向意識先於方向意識，或者說，先於反省的「我思」先於笛卡兒所說的「我思」，前者是後者的基礎。非方向意識先於反省，方向意識卻以反省為它的特性，它常指向某些意向性的（intentional）對象。方向意識總會「意識到」某某東西，它既能向外指向一個世界，又能倒過來指向它自己。傳統哲學只見有反省的方向意識，而不見有先於反省的非方向意識。其實在後一種意識中的時候，我們已是能夠隱隱地覺悟到有自己的了。

　　沙特目意識為虛無，其實與穆爾在其〈觀念論之駁議〉（The Refutation of Idealism）一文中對意識動作的說法有相似之處。[32]依穆爾的說法，當我們察視任何心智動作（mental acts）時，我們總無法找到是什麼東西令得它成為一種意識動作。例如：當我們察視一種藍色的感覺（sensation of blue）時，「感覺到藍色」這個動作（the act of sensing the blue），總會逃出我們的考察範圍，我們所見的，只是藍色，而不是一意識的動作。但無論如何，我們卻又顯然不可以將意識所意識到的藍色跟意識到藍色的意識混為一談。這種要將意識指定出來時所發生的困難，引致實效論者詹姆士（W. James）及實在論者羅素等人斷言意識的不存在。但沙特卻不這樣看，他認為：意識的對象存在，故意識亦必存在，它是作為一種虛無而存在的。如果我們找尋意識，我們會發現的，只是意識所意識到的存有（包括經驗的自我），我們永遠無法找到意識本身，所以，意識只有作為一種虛無而存在。

十、事實性，價值，可能性

　　一般地說，意識就是對己存有的直接結構。進一步分析，沙特表示，對己存有的結構又可從三個方面來說。第一，是事實性；第二，是價值；第三，是可能性。其中又以事實性為主要。

　　對己存有是作為一種「存有的缺乏」的存有，它不是自足的，它不能自己提供自己的基礎，依沙特的說法，它只是存有底心中的

---

[32]　Passmore, op. cit., 2nd. ed. (Penguin, 1968), pp.496-497.

一個「洞」，它是虛無，莫名其妙地來到這個世界中。但無論如何，對己存有卻是存在的。沙特說：「我們可以說，它存在，即使它是這樣的一種存有：這種存有不是它所是的，而是它所不是的（which is not what it is and which is what it is not）。」[33]這樣的對己存有，發覺到自己被拋擲到一種充滿偶然事實的境況中。如果沒有此等事實性，意識（對己存有）即成為絕對沒有桎梏的自由，它「可以選擇自己跟世界的關連，正如柏拉圖的理想國中靈魂可以選擇它們的處境一樣。」[34]但實情卻非如此，對己存有總有一定的事實性，它所經驗到的自由，總會被一定的境況所限制，此境況就是對己存有莫名其妙地被置於其中的境況。這樣一來，對己存有就沒有自由了嗎？不是的，它仍然有其真正的自由，因為對己存有就是虛無。一個人即使被拋擲在一定的境況中，但他是什麼（不就等於別人「說」他是什麼），還是基於他怎樣抉擇。例如：我不會成為一個法國人或一個小資產階級，除非我作了這樣的抉擇（這是順沙特的哲學來看才可以如此說的，在常識中，這說法並沒有充份根據）。簡言之，事實性是對己存有與在己存有間的必然關連，因而也就是對己存有跟世界及它的過去之間的關連。這種事實性，令得我們可以說「對己存有是存在的」。對己存有的自由，其事實性就是「它不能不自由」這個事實。

　　對己存有的第二個結構面是價值。價值是嚮往跟存有結合的無望掙扎。一般而言，價值是當對己存有設定對象為可欲時所生起

---

[33]　Sartre, Being and Nothingness, p.97.

[34]　Ibid., pp.101-102.

的。詳細點說，價值是當對己存有渴求與它自己統一時的「無法克服」（此片語在此作一名詞用），它就是對己存有要成為它自己時所缺乏的。對己存有總求與在己存有合一，希望由此得以克服存有的二分。但這種合一卻永遠無法達到，因為，如果對己存有跟在己存有合一了，對己存有就喪失了自己之為對己存有。這兩種存有的最後綜合是不可能的，其原因在於：對己存有與在己存有根本就具有各不相容的特性，前者是負性的、缺乏的，後者卻是正性的，充實的。對己存有這種不可能的掙扎，令得它有一種所謂「不快的意識」（unhappy consciousness）。[35]對己存有於是在它的存有方面是「病態的」（sick），因為它被一種統合所困，此統合是它所尋求達到，同時，又是它所永遠不能達到而又不喪失自己之作為一個對己存有者。既然價值就是這樣的一種「無法克服」，所以沙特說：「它的存有就是作為價值，即是說，不作為存有」（Its being is to be value; that is, not-to-be being）。[36]

對己存有底結構的第三面，是可能性。對於「對己存有」之為一種缺乏，通過「可能性」的概念，我們可有進一步的了解。沙特說：「『可能』並不作為一種純粹表象而存在，甚至不作為一種否定性的表象而存在，而是作為一種真實的『存有之缺乏』而存在，那是一種真正的缺乏，是超出存有以外的。它具有缺乏的存有，並且，作為一種缺乏，它缺乏存有。」[37]如果我們不先認識了上幾節所說的沙特有關「非存有也是一種存有」的說法，那麼，上引《存

35　Ibid., p.110.
36　Ibid., p.113.
37　Ibid., p.125.

有與虛無》中的一段話就自然會令人覺得難以理解，甚至無法理解。在沙特的哲學系統中，「可能」就是對己存有在趨求完全和綜合時所缺乏的，它標示出人的「仍然不是」（not yet，在此合為一個名詞來用）。對己存有藉著選擇它的「可能」，並藉著將自己投向這些被選擇的「可能」，從而成全自己。

十一、時間的程態

事實性、價值、和可能性，是對己存有的幾面結構，沙特表示：它們是本體論地（ontologically）植根在時間性之中的，與時間的程態（過去、現在、將來）有一相應，由時間性給對己存有的結構提供一個統一的基礎。沙特說：「時間性顯然是具有組織的結構。」[38]換言之，時間不是孤離的單位，過去、現在、和未來，所成的並非一系列的「當時」（nows）。如果時間是一個無窮系列的孤離的「當時」，那麼，整個系列就會成為無有。因為，在這樣的一個系列中，過去了的「當時」是不再真實的，未來的「當時」是仍未真實的，現在的「當時」則常在滑走不留中，其作用只是對時間作無窮分割時的一種界限。沙特表示：這是時間觀中的一種「吊詭」[39]，他不取這樣的看法。像海德格一樣，他認為時間是一種程態的統一，在其中，未來已是存在地真實的（那已經是人的可能性），過去仍是存在地真實的，並且，兩者在現在之中得以聯合起

---

[38]　Ibid., p.129.

[39]　即 paradox，有時也譯為「詭論」、「詭辭」、或「謬逆」。

來。不過，沙特跟海德格在這方面仍有一點不同，他認為海德格沒有理由說「將來」有本體論上的優先性，他表示，在時間的三態中，沒有任何一態比其他優先，沒有任何一態能夠脫離其他兩態而存在。

「過去」仍然是我們底存有的一部份積蓄，它並不等於我們曾經在某一時間所佔有過的一樣東西，而是我們就在現在所知道的，它恆與我們的「現在」關聯著。我們不能脫離自己的過去，但同時，我們又總得跟過去分離，從而投向將來。過去是會實化的，成為一種在己存有，它就是一種已經變成在己存有的對己存有，因此，它是固定的、充實的。這樣的「過去」，給對己存有的事實性提供一個基礎，故沙特強調地說：

　　「事實性」和「過去」是指示同一東西的兩個辭語。[40]

他指出：過去像事實一樣，是在己存有底無可破壞的一種偶然性（即是說，其為存有，並沒有必然的理由，但卻存有了）。我必須是此在己存有，因為它已是一事實，我沒有可能不是它。它是事實的「無可避免性」，這不是由於它為必然，而是由於它為事實！因此，過去會令得我們能夠經驗到被棄和處境性（situationality，即對己存有之隔在冷硬的事實世界中）。

　　沙特說：「『過去』是在己存有，與在己存有相反的『現在』是對己存有。它的存有是什麼？在此有一古怪的弔詭：一方面，我

---

[40]　Sartre, Being and Nothingness, p.143.

們會願意將它界定為存有；是現在的就是存在的──此與將來及過去相反：將來是仍未是的，而過去是不再是的，但另一方面，一種嚴格的分析會企圖將現在所不是的東西除去──即是說，將過去及直接的將來除去──而經過這樣的分析後會發覺：除了一個無窮小的時點以外，就什麼也沒有剩下來了。」[41]以下我們討論沙特怎樣看這個關於「現在」的問題。

與成為在己存有的過去相反，「現在」是對己存有的充分表現，它是存有面前的「不斷的飛離」（perpetual flight）。一方面，現在不斷從曾經是的存有飛離，另一方面，它又不斷向著將要是的存有飛去。因此，作為「現在」的對己存有，它的存有就是在它自己以外的存有，即在它後面的及在它前面的存有，它就是它的過去，且會是它的將來，同時（這是沙特一種吊詭的表示），我們又可以說，作為「現在」的對己存有，不是它所是的（過去），而是它所不是的（將來）。由是，「現在」此一時態即與對己存有的一面結構（價值）相應，它不是數學上的零或無窮小，而是與過去及將來共在的一個有組織的結構程態。

沙特說：「在己（存有）既不能是將來亦不能包含將來的一部份。」[42]那麼「將來」是什麼？將來是存有的一個模態，此存有是對己存有所必要努力成為的。「將來」標示出一種存在的性質，這性質是一個人所「是」的，而非他所「已有」的。它是一種缺乏，卻造成人的主體性。我們現在的對己存有，其為一種朝往可能性的

---

[41]　Ibid., pp.145-146.

[42]　Ibid., p.150.

投向，是由「將來」構成的。因此，過去是事實性的基礎，將來則是可能性的基礎。它不是一串還未到來的「當時」，而是人底存有的一面，我們底可能性的擴展，都已包含在將來之中。我們之為一種恆在進展中的對己存有，即由將來所指定。故沙特說：

　　將來是一繼續不斷的可能底可能化。[43]

十二、「對他存有」

　　以上關於人的存有之分析，可以僅限於就一個人來說。但這個世界，除了「我」以外，還是有他人存在的。一個人除了是對己存有之外同時又是「對他存有」（being-for-others）。對他存有是對己存有的一種存在模態，那就是當我的自己外在化而成為他人的對象時的一種模態。我們底「非方向意識」，已經可以展示出他人的存在。例如羞恥的感覺，就已展示出一方面有自己另一方面又有他人存在了。如果這個世界只有一個人，那麼這個人是不會覺得羞恥的。羞恥的現象即足以指出他人的存在。一個人的羞恥，是羞恥於他自己之出現在別人的面前。並且，就是由於羞恥，由於發覺到有他人存在，一個人會同時發現了自己。故要自覺「我」底存有，是需要有他人存在的。人與人之間的關係，總無可避免。當我的視覺領域中沒有他人（或者說，沒有其他的對己存有）存在的時候，我會將一切事物安排得好好的，環繞著我自己，以自己作為一切事物

43　Ibid., p.156.

的中心。但如果有其他人進入了我的領域，且「看著」我的話，那麼，原來的秩序立即就被搞亂了。我的世界解體了。我不再是領域的中心。那個闖進來的人，不僅要將「我的」事物拉進「他的」領域，且要將「我」也一併拉進他的領域而成為他的對象。

　　因此，對「我」來說，其他的人就像一個賊，要將「我」的世界偷去，將我納入他們的軌道中，成為一個在己存有，成為一個對象或東西，於是，我不再是一個自由的主體，而是他人的奴隸，從一個對己存有墮落為一個在己存有。我怎樣重新得到自己的自由，得到自己的主體性呢？在此唯一的辦法是：將他人對象化。如果他人只是對象，是在己存有，那麼我就不會成為他的對象了。我可以通過我的「看」（look），將他人的世界粉碎，將他人的自由去除。但這樣的做法，是不能一直成功的，因為他人的存在是一項無法化除的事實，他人不是我所造出來的，而是我所遇到的。他人留在那裏，威脅著我，隨時用他的「看」來作為反擊。終於，人際關係成為一種互相對象化的循環；這是無可避免的事。我藉著將他人對象化來肯定自己，然後他人又將我對象化來肯定他自己，然後我又再將他人對象化來肯定我自己……如是下去，沒有了時。故沙特認為人際衝突與交通失敗是必然的結果。

　　人不只要將他人僅僅作為一種事物對象來支配，且要將他人作為一個自由的存有（對己存有）來支配。換言之，人既要把他人作為一個對象來佔有，同時又要把他人作為一個自由的存有來佔有。這是人的一種極大的欲望。我們志不只在他人的身體（作為在己存有的身體），還在於他人的自己。例如在戀愛的愛撫行為中，我們所「得到」的，並不像吃了一個蘋果之後的「得到」，但我們仍然

要愛撫，仍然期望在愛撫的行為中有所得。照沙特看法，愛撫是我們期望自己能夠將他人同一（identify）的一種行為。

然而，所有這些要「佔有他人」的目的，終歸是會失敗的。因為這些目的本身都有矛盾。在人與人的關係中，每一個人都要自己支配他人，將他人佔有。但當每一個人都要這樣做時，人又無法不同時變成他人的對象，為他人所佔有。此所以「佔有他人」這種目的終歸會失敗。在沙特的筆下，人與人之間「你看我，我又看你」的情形是有其特殊的哲學意義的。既然當一個人發覺自己正被他人看著的時候，他會覺得不安，他變成了別人的對象，為別人所佔有；於是，為著要重新肯定自己，他就反看（look back）那個看他的人，重新將那人轉化為自己的對象，只有這樣他才能再次覺得自由；結果，人際關係就只是在鎮壓他人（sadism）與被他人鎮壓（masochism）的情況中轉來轉去。人和人之間沒有真正的交通，每個人都看不見對方，只是孤獨地自我掙扎以成就自己的自由。

十三、人成為神

上節我們通過「對他存有」的概念說明了在沙特的哲學中人際關係是如何地失敗，以及人際交通是如何地不可能。現在我們試通過「在己對己存有」（Being-in-and-for-itself）的概念來討論在沙特的哲學中作為對己存有同時又要兼為在己存有的人，他的欲望是怎樣地不可能達到。關於「對他存有」的問題，是一個人和其他人之間的問題。關於「在己對己存有」的問題，則是一個人自己的問題。

在前面我們已經說過，在己存有是全部實現的。所謂價值，與

物理事物不同，它不是存有，而是虛無。所有價值的基礎，都在於
對己存有的自由抉擇。因此，所謂道德規律其實並沒有先驗的基
礎，那不是一成不變的，這是由於人是自由之故。在沙特的哲學
中，只有唯一的一條「道德律」，那就是：「抉擇汝自己」。人是
被判定為自由的。傳統並不足以為據，權威並不足以為據，羣眾並
不足以為據，每一個人有每一個人自己的不同抉擇，每一個人有每
一個人自己的不同創造，故無客觀存在的價值可言。現在的問題
是：既無客觀存在的價值可言，那麼人常常追求的究竟是什麼呢？

作為對己存有的人，他常常追求的，就是存有。對己存有本身
是虛無的、空的，但他又要成為存有，並且，他不會僅僅成為在己
存有就滿足，其真正的要求，是「渾而為一地」既為對己存有又為
在己存有。換言之，人常常追求的，就是成為一種「在己對己存
有」：一方面，他仍是對己存有，另一方面，他又不是虛無的，他
自己即能給自己提供存有的基礎。這等於說：人要成為上帝，因為
只有上帝是完全的充實同時又是完全的靈覺（是在己存有同時又是
對己存有）。但我們可以看出，人在這方面的追求是無法不失敗
的，因為上帝是不可能的；「在己對己存有」本身就是自相矛盾的
概念。在己存有充實，對己存有虛無，二者截然相反，而不可能渾
而為一地成為一種存有（在己對己存有），簡言之，「存有」與
「虛無」永不可能合一。

在沙特的哲學中，人的精神和身體（以在己存有的模態而存在
的身體）是分裂而不能交流的，但在沙特的一些小說裏，情形卻有
所不同。藉著忘卻精神和身體之分，藉著撇開意識和物理存在之
別，一個人即可能身心無間地行動。這不是屬於智性的問題，甚至

不是哲學思考所能解決得了的問題。沙特小說中的一位「英雄」Mathieu，本是一個痲痺不能行動的人，直到他生命的最後時刻，當面對德軍的進侵，死亡臨到他身上的時候，他渾忘了自己的痲痺，渾忘了身心之分，渾忘了自己的身體本不聽自己的心靈所使喚：他舉起了槍，向著德軍「回敬」過去。「砰」的一聲槍響，意味了他將所有的哲學和所有的痲痺都克服了過去。沙特這樣描寫他：「他開了槍，他痊癒了，他是完全地有能力的，他是自由的。」[44]

十四、正常的不正常

在沙特的小說或戲劇中，我們常會看到諸如此類的場合出現——

M 很緊張地坐著，等待著。他獨自一人飲過幾杯之後，W 像一陣風一般溜進了餐廳，四圍張望，將每一個人都收進她的眼底。當 M 發覺 W 正在看著他（他的身體）的時候，他就差不多要站起來了。跟著，他感覺到有點不自在，覺得失去了些什麼，被利用了些什麼。在他能夠站起身之前，她來到了他的枱邊，在他的前面坐下來。他們談了一會兒。在全部時間中，M 都只是想著他放在枱面上的手看起來會是如何難看，想著戴了眼鏡的他看起來會是如何笨拙。當他起身要走時，他決定要跟在她後面而不走在前頭。

M 想得自己太多，太過以自己為念，太過忸怩了，從 W 而來的任何交通都因此而被隔絕。他只會想到自己，想到自己的樣子、

[44] Sartre, Troubled Sleep (New York, 1961), p.200.

思想、感覺，他將自己當作一樣沒有生命的物件。是他要將真正的
自己掩藏起來的，但他卻要歸咎他的伴侶，他否認自己的忸怩、痛
苦、和不安，結果將兩人之間所有的通路都阻塞了。這是沙特對兩
人之間交通失敗的一種典型描劃。其中角色，雖然說著相同的語
言，但他們並沒有得到真正的交談。

　　這類交通的失敗，其哲學根據是因為人一方面是對己存有另一
方面又會被視為一個在己存有。每一個對己存有都是絕對孤獨的，
好像被封閉在堡壘之中，結果人與人之間的關係就不能不破碎。再
者，即使就一個人來說，他也是不能統一的。他之追求成為「在己
對己存有」，只是一種無望的掙扎，其結局早就注定了要失敗。他
的意識與他那個以在己存有的模態而存在的身體之間，永遠有一不
可能克服的分裂。我們一向以為很穩定、很正常的世界，原來是這
樣反常。在沙特的筆下，即使兩個人普普通通地互道一聲
「Hello」，也會產生很大的痛苦後果。甚至一個人被別人望了一
眼，也會周身不自在，也會因此而成為別人的對象：像桌子、椅子
之類的對象。他只得反看別人，重新把別人看成自己的對象。結果
雙方只是在「你看我，我反看你，你又反看我……」的情況中翻來
覆去。就算戀愛也注定不能達到戀愛原來的目的，即是說，世界上
是不可能有真正戀愛的，因為一個人不可能既佔有別人同時又破壞
別人的自由或主體性。[45]

　　也許我們會覺得，沙特的哲學只注重人的陰暗面，覺得他的哲
學是「病態的」。他在「存有」和「非存有」兩個概念上轉來轉

---

[45]　Cf. H. Kohl, The Age of Complexity (New York, 1965), Ch, VI.

去，結果得出一幅人和世界的圖像，這幅圖像跟我們平日所想、所見的世界大有出入。他指出人是絕對的自由，但此「自由」的意義與平日我們所謂「自由」的意義卻並不相等。我們可能會覺得沙特的「自由」是不正常的，彷彿一個神經漢說他的焦燥就是勇氣、他的破壞就是創造。

但事實上當我們指責沙特的哲學只看到變態的一面時，沙特可以反過來這樣說：我們所指責的「變態」，其實一點也不變態，因為，那本來就是人的存在處境，是有其本體論的意義的，只是由於我們不願面對這種情況，由於我們要掩飾這種情況，於是就將它說成是變態，終於再也看不見它實是最「自然」不過，最「正常」不過的真貌。

因此，某些在一般人看來是不正常的現象，在沙特看來，卻是人和世界的本來面目：某些在一般人看來是灰黯和悲觀的見解，在沙特看來，卻不是灰黯悲觀而是勇敢的見解，是敢於面對真實的見解。他認為：那些鴕鳥式的思想，才是真正的灰黯和悲觀；勇於接受這個世界以及人在其中的處境，這樣我們反而可以由此得到一種孤寂的尊嚴。人有自由固然很多時是痛苦的，因為他要承擔，他要負責；但另一方面，人之所以為人，卻又正由於他有自由：他沒有被規定了要是什麼，他可以什麼也不是。因為有（虛無的）自由，所以人是絕望的（沒有寄望而仍要有所作為），但同時，「人的生命在絕望那遙遠的一邊而開始」[46]在沙特看來，幼稚的幻想、不真

---

[46] Sartre, The Flies, reprinted in No Exit and Three Other Plays (New York, 1955), p.123.

實的寄望，不過是一種自我欺騙而已。

十五、按　語

(A)

　　像其他的存在主義者如海德格、雅士培等人一樣，沙特的哲學中有很多見解源自祈克果，其哲學方法則又取自胡賽爾。此外，沙特雖是存在主義的一個代表，特重經驗事實非理性的特性，但他的哲學，在形態上其實與近代法國的理性主義大師笛卡兒的哲學有十分相像的地方；這是我們從以上各節的討論就可以看得出來的。心與物在笛卡兒的哲學中是兩種截然不同的存有：對己存有和在己存有則是沙特哲學中兩種截然不同的存有。正如高爾（H. Kohl）所說：「在己存有和對己存有，只是沙特對笛卡兒主要的二元論之現代化。」[47]沙特與笛卡兒不同的地方是，笛卡兒為了彌補其二元論中心物之間的裂隙，於是提出了「松果腺」（pineal gland）為中介，但這是一種不通的說法（讀者可參考一般關於笛卡兒哲學的評論）。至於沙特，則勇敢地接受他的二元論所引致的後果。這些後果的例子有：我只是莫明所以地被投在一個佈滿事物的陌生世界中，我所能確定知道的，只是我的意識，而這意識就是我自己；意識是虛無的，即是說，我是虛無的，我的身體（被視為物理對象的身體）與我的意識是完全不同的兩種存有，意識是「對己存有」，是「非存有」的存有，簡單說就是非存有（或虛無）；我的意識與

---

[47]　Kohl, op. cit., p.213.

我的身體之間固然交通無門，甚至我與他人之間亦是交通無門的，因為，意識就是虛無，它的作用是否定，是將外物看成對象，人與人之間互將對方看成對象，結果自然就是交通閉塞了。

　　除了祈克果、胡賽爾及笛卡兒之外，沙特亦受到黑格爾、多瑪士（St. Thomas Aquinus），以及巴門尼底斯（Parmenides）等人的影響。他的「存有」與「非存有」之對立，可見出來自黑格爾的「正」與「反」（雖然沙特取消了黑格爾的「合」）。他關於「在己存有」的說法，與巴門尼底斯關於「大有」的說法酷肖（不同處是：沙特的在己存有是多數的，而巴門尼底斯的「大有」是單一的）。至於沙特對事實的「偶然性」的處理，則很接近多瑪主義。

(B)

　　當我們讀到沙特的小說人物羅昆天說「裏面沒有東西，有虛無。我是虛無，我是自由」的時候，我們不會覺得其中有何可批評之處，因為一個小說家當然可以描述（甚至創造）他的感覺。但當我們讀到沙特在《存有與虛無》中說：「存有存在。存有是在其自身的。存有是它所是的」[48]，這時候，如果我們有分析哲學的傾向，那麼很可能就會立即將書拿開，放棄繼續閱讀了；我們會覺得沙特一定是思路混亂的人。因為，《存有與虛無》不是小說而是哲學論著呢！但事實上，沙特是有一套一致的語言和嚴謹的思路的。如果我們肯耐心探討他的思想，未嘗不可以整理一條線索出來。但在此至少有一個條件，那就是，對西方的傳統哲學以及現代的祈克

---

[48] Sartre, Being and Nothingness, p.lxxix.

果和胡賽爾等人的思想有了基本的認識，因為，看來沙特並沒有意思讓哲學的初學者讀懂他的《存有與虛無》，在這部著作中，他假定了讀者是已經具有相當程度的哲學知識的。

(C)

本章主要是對沙特的代表作《存有與虛無》做一種「橫面剖析」的工夫，讀者可通過本章的論述而對沙特的哲學系統有一大概的瞭解，至於沙特整個思想的縱面發展（從早年對法國學院式的唯心論作批評開始），大致可以分為三個階段。[49]第一個階段是現象學的階段，這時他所受的影響主要來自胡賽爾，此外海德格的思想亦給了他不少提示。第二階段是辯論的階段，在這時期，沙特以他早期的哲學為本，對別人的「誤解」展開澄清的工作。第三階段可說是修正馬克思學說的階段，目的在將歷史的和政治的馬克思主義調合於他自己那種個體主義的形上學中。[50]

---

[49] E. F. Kaelin, "Three Stages on Sartre's Way: an Essay in Contemporary French Philosophy," in G.L. Kline (ed.), European Philosophy Today (Chicago, 1965), pp.89-109.

[50] 關於沙特第三階段的思想，見 Sartre, The Problem of Method, tran. by H.E. Barnes (London: Methuen, 1963)。這部書的美國版名為 Search for a Method (New York, 1963)。這書是由沙特的 Critique de la Raison Dialectique 的序言譯成的。又：關於沙特與卡繆在政治思想方面的爭論，Cf. N. Chiaromonte, Sartre Vereus Camus: a Political Quarrel, in G. Br'ee (ed.), Camus (N.J. 1962), pp.31-37.

第六章　卡繆與馬勞龐蒂

一、引　言

　　法國的存在主義者，以沙特和馬色爾為代表，前者屬無神論派，後者屬有神論派。除沙特和馬色爾外，討論到法國的存在主義時，值得提出來介紹的，還有卡繆（Albert　Camus）和馬勞龐蒂（Maurice Merleau-ponty）。

　　在名氣方面，卡繆還較馬勞龐蒂為人所知。不過如果以「正統」的標準衡量，那麼很難說卡繆是一個純哲學家，但說「馬勞龐蒂是一個純哲學家」則是沒有問題的。卡繆和馬勞龐蒂二人，都曾經一度是沙特的親密「盟友」，並且都像沙特一樣，是屬於無神論派的存在主義者，不過經過一段時間之後，他們的思想與沙特的思想之間，又都顯出有著一個不小的距離，甚至他們都有對沙特的哲學提出過一些批評。

　　以下我們簡述卡繆和馬勞龐蒂的哲學思想。比較起來，本章對前者的論述，所佔的篇幅，將遠較對後者的論述所佔的篇幅為多。我們這樣處理的理由之一是：如果撇開「正統」、「純哲學家」等方面的考慮，就存在主義本身來看，卡繆的地位是較馬勞龐蒂的地

位更高的。並且，事實上卡繆對一般知識分子的影響亦較馬勞龐蒂的影響為大。[1]

二、沙特與卡繆

卡繆與沙特兩人的名字，在一般西方知識分子的心目中，有一段很長的時期（約十年左右）是連結在一起的。他們兩人皆被認為是對「荒謬」有特殊的慧見及深刻的感受的思想家。

事實上，當卡繆的《異鄉人》（*The Stranger*）一書出版的時候，沙特早已聲名卓著。沙特曾表示過讚賞這部小說，這是令得卡繆在大眾的心目中受到注意的原因之一。在卡繆成名之後，雖然他的名字與沙特的名字常被別人並提，認為他們同是「反叛一代」的作者兼存在主義者，但卡繆很早（1945）就指出，這樣將他們並提是不適當的，同時還否認他自己是一個存在主義者。沙特是唸哲學出身的，又是一個職業性的哲學教授。卡繆則不同，依通常的標準來衡量，我們很難說他是一個哲學家，至少不是一個專業的哲學家。

---

[1] 本書把卡繆和馬勞龐蒂合在一章之中論述，並沒有什麼「必然」的理由；如果一定要為此找出一些原因的話，那麼我們可以說，在本「引言」中提到他們二人之間的相似點，可以作為將他們相提並論的部分原因。再者，依奧桑（R.G. Olson）所言，卡繆和馬勞龐蒂都是次一等的無神論存在主義者，也許這點對某些人來說亦可以成為我們僅以一章的篇幅將卡、馬二人一起討論的理由之一吧。見 R.G. Olson, An Introduction to Existentialism (New York, 1962), p.8。

不過，無論卡繆怎樣強調他與沙特的不同，事實上他受了沙特不少的影響，尤其是沙特的《作嘔》一書。他在《薛弗西斯的神話》（*The Myth of Sisyphus*）一書中，且常常徵引祈克果、雅士培、海德格等對沙特影響不菲的哲學家。[2]此外，卡繆與沙特的哲學，其對象可說同是那些已經失去（或從未有過）對神的信仰的人（這些人認為無神論對人的存在問題有密切的牽連）。卡繆與沙特皆企圖展示無神論的涵蘊，即是說，展示無神論者應有怎樣的行為，如果他貫澈其無神論的話。再者，他們二人都要釐清一個孤獨的、孤離的個人在這個世界中的處境。他們有不少共同的問題，例如：

在這個沒有上帝的世界中，什麼是可為的？

在一個沒有意義的世界中，一個人怎樣生存？

在上述的情況下，一個人如何給自己的生命一些意義？[3]

正如高爾（Kohl）指出的[4]，卡繆對世界與事物失望，稱世界與人之間的關係為「荒謬」（the absurd），認為雖然我們希望從世界得到安慰與快樂，但世界給我們的答覆卻是物件的冷冷的沉默，不過，無論如何艱難，人還是要學習與荒謬一起生存。就這些方面看，卡繆與沙特終有不少相似之處。

---

[2] 見 C.C. O'Brien, Camus (London, 1970), p.60。

[3] Cf. F. Copleston, Contemporary Philosophy: Studies of Logical Positivism and Existentialism (London, 1968), p.200.

[4] H. Kohl, The Age of Complexity (New York, 1965), pp.217-218.

　　卡繆與沙特在 1943 年相遇，並成為朋友。直至 1948 年，他們
開始因見解不合而疏離，後來且發生公開的爭論。但在卡繆死後，
沙特卻這樣表示：雖然他們爭論過而不再常常相見，可是這並非重
要的，其實在某一意義上他們仍然非常接近，這個意義就是：他們
都讀對方的作品，並且對此有強烈的反應，故在爭論之後互相在對
方的生命中都有甚顯著甚重要的地位。[5]

　　卡繆的著作或選輯，重要的如下：

The Myth of Sisyphus (1942)

The Rebel (1951)

Resistance, Rebellion and Death (Eng. tran. 1961)

The Stranger (The Outsider) (1942)

The Plague (1947)

The Fall (1956)

Exile and the Kingdom (1957)

Caligula and Cross Purpose (1947)

The Possessed (1960)

The Notebooks: Vol. I, 1935-1942 (1963)

The Notebooks: Vol. II, 1942-1951 (1966)

　　上列作品的名稱，以英譯為準。年份則或依原法文版，或據英
譯初版。

5　　Cf. Olson, op. cit., p.168.

三、英雄哲學

正如可柏斯頓（Copleston）指出的，卡繆堪稱一個典型的「關於『荒謬』的哲學家」。[6]「荒謬性」（absurdity）是其哲學中的一個基本概念。在 Le Malentendu 一劇中，卡繆透過劇中一個母親的口這樣說：

> 但世界本身是沒有理由的，而我有權這樣說，我曾遍嚐世界的滋味，從創造到毀滅。[7]

雖然人的理性自然地要尋求世界、生命、及歷史的意義，並釐清此等意義，但事實上人的理性卻找不到世界與生命本身有何特定的意義。通過對此事實（找不著意義）的覺察，人即有一種對荒謬的感受產生出來。這種感受可能從很多種不同的方式中產生，例如從體驗到人的暫時性、從體驗到自然世界之「非人性」（與人的生命本身互不相涉）、或從體驗到日常生活之無目的性與機械性，我們都可能產生對荒謬的感受。卡繆指出，在日常生活中，我們的「時間表」常是：起床、乘車、在辦公室或廠裏四小時工作、一頓飯、乘車、四小時工作、一頓飯、睡覺；而星期一、星期二、星期三、星期四、星期五、星期六，都是同樣的調調兒。順著這條路徑，一個人通常不會遇到什麼困難。但，

6　Copleston, op. cit., p.196.
7　Cit. F. Copleston, ibid.

　　無論如何，有一天，「為什麼？」這個問題就會浮上來了。[8]

隨著，荒謬的感受亦從心底浮上來了。

　　但是我們可不要將「荒謬性」與世界的「非理性」（irrationality）混而不分。根據卡謬，世界是「非理性的」，而荒謬性則因人類面對這個世界的非理性而起。我們希望世界這樣，要求世界那樣，但世界給我們的回覆只是：沉默。面對這樣的沉默，我們即產生一種對荒謬的感受。故「荒謬」既不能獨立存在於人的心靈中，也不能獨立存在於心靈以外的世界中，而是存在於心靈與沉默的世界之相遇中。只有通過人，荒謬才會出現，隨著人的死亡，荒謬亦跟著消失。至於世界本身，嚴格地說，並不是荒謬的，而只是「非理性」。當然，我們也可以（而且我們通常亦會這樣）說：在卡謬的哲學中世界是荒謬的，只要我們的意思是指：當人的心靈遇著世界的非理性時會有對荒謬的感受。

　　荒謬的世界是一個沒有神也沒有絕對客觀價值的世界。但就是這樣的一個世界，卡謬仍贊同人類以存在的勇敢生活在其中。對於如祈克果之「跳躍」的主張、雅士培之「超越」的主張，在卡謬看來，只是一種逃避的哲學，並非一種敢於面對事實世界的英雄哲學。卡謬不主張自殺，不是因為他認為自殺是不道德的行為，而是因為他認為自殺根本不是一個好的解決辦法。他表示，自殺無異一種向荒謬投降的方式，一種表示完全同意荒謬的方式。卡謬讚許的人生，是既不逃避也不投降的人生，是英雄式的人生，是敢於英雄

8　　Camus, The Myth of Sisyphus, cit. F. Copleston, op. cit., p.197.

地面對荒謬而反叛的人生。當一個人能夠對荒謬反叛且持續一生時，生命的偉大即由此顯示出來。這種偉大，這種真正值得人驕傲的地方，不是逃避、也不是自殺所能達到的。[9]（以下我們進一步闡述卡繆對生命與存在的態度，第三節尤其著重他關於自殺與苟存〔逃避是苟存的一種方式〕的見解。）

四、自殺與苟存之間

在卡繆的《異鄉人》一書中，主角莫梭（Meursault）是一個受社會、受輿論譴責的人。莫梭之所以受到責罰，主要的原因是他不參加一般人都參加的「遊戲」。在這個意義之下，他成了一個異鄉人，一個與他生活在其中的社會格格不入的異鄉人。究竟是什麼遊戲莫梭不參與呢？卡繆說：

答案是簡單的：他拒絕說謊。[10]

例如：當人家要他依照習規而說他後悔所犯的罪行時，他卻這樣回答說：其實他所感到的，是困惱多過真正的後悔！

卡繆指出：說謊不僅是說一些假的話，並且也是在真的以外再添加一些東西。例如：就人類的心靈來說，一個人，本沒有某種感覺，卻要說些關於那種感覺的話，這樣，在卡繆看來，也是說謊的

9　Cf. Copleston, ibid., pp.196-200.

10　Camus, Preface to Eng. ed. of L'Etranger.

一種方式。事實上，我們每天都做著這類的事情，比如有些隨口說
說的應酬話就是。結果，生命因此簡化了。但莫梭卻不肯這樣去簡
化生命，他說的是真話，他拒絕偽裝自己的感受。就是由於這種原
故，整個社會覺得受到威脅了。很自然的，一個像莫梭這樣的人，
是不會見容於我們這個社會的。

因此卡繆象徵地說：「於是，在我而言，莫梭不是一個流浪
者，而是一個可憐的、毫無戒備的人，他愛上了太陽，太陽卻不給
他以蔭蔽。」[11]莫梭終於為了真而接受死亡！詳細點說，他為了對
自己的真正存有忠實、對自己的真正感覺忠實而接受死亡。他並沒
有明顯地聲討社會對他的壓迫，也沒有訴諸暴力，他只是沉默地、
靜靜地拒絕表現一種社會期望他、要求他表現的態度，藉以作為他
對這個社會的一種控訴。[12]

莫梭可說是《異鄉人》一書中的「英雄」。他忠於自己。以
「忠於自己」這個概念作為線索，我們可較易理解卡繆在《薛西弗
斯的神話》一書中對苟存與自殺的態度。

在這部書中，卡繆表示，一個誠實的人，是一個忠於自己的
人，他的所作所為，都依據自己的信念。如果他肯定這個世界是無
意義的，那麼他必自殺；如果一個人只是逃避而不自殺，那麼他是
在自我欺騙。對一個誠實的人來說，令得他不自殺而繼續在這個荒
謬的世界中存在、繼續忍耐事物的無理性的唯一理由，是他能夠感
受到自己超越過世界對他所施的壓力。他承受著他的重擔，沒有快

---

[11] Ibid.

[12] Cf. R. Bespaloff, "The World of the Man Condemned to Death", in Camus: a
Collection of Critical Essays, ed. G. Brée (New Jersey, 1963).

樂，甚至也沒有任何希望。在《薛西弗斯的神話》中，薛西弗斯因
觸怒諸神而被諸神懲罰，要他不停地將一塊大石推上山頂，然而那
石頭因本身的重量而從山頂滾回山腳，薛西弗斯又要再次將它推上
山頂去，如是無有盡時。在諸神看來，這種徒勞無功和毫無希望的
苦工就是最可怕的刑罰。但卡繆認為：

> 使我感到關心的就是薛西弗斯回來及停頓的那個時刻。緊貼
> 著石頭的一張臉已經變成石頭一樣！我看見那人以沉重但仍
> 然整齊的步伐回到下面去，走向他永不知道何時會結束的磨
> 難。這一刻乃如一個可供喘息的場所，像他的苦難一樣可確
> 定地會反覆到來，這是具有意識的一刻。每當他離開山頂，
> 逐次往下走向諸神的居處時，他是勝過他底命運的。他比他
> 的巨石更堅強。[13]

就在這裏，就在自殺與苟存之間，卡繆肯定了一種不是自殺但也不
是苟存的存在，一種悲劇式的但也是英雄式的存在。我們對自己忠
實地存在著，既不用宗教或哲學來安慰，也毋須快樂或野心的追逐
來分心，我們就這樣的面對著存在事物的無理性，面對著命運的壓
迫，卻以一種反叛的姿態，不屈地存在著。於是，我們的生命也就
有一定量的意義和尊嚴。

---

[13] Camus, The Myth of Sisyphus, in W. Kaufmann (ed.), Existentialism from Dostoevsky to Sartre (New York, 1969), p.314.

五、孤立與認同

當兩次世界大戰之間流行一時的虛無主義到了戰後即漸漸沒有那麼時髦的時候，關於「自殺」的問題，對卡繆來說，其重要性也開始為「團結」、「合作」等問題所取代了。法國知識分子的分黨分派，令得卡繆不能無動於中。他覺得一個人必須在不同的陣線之間作一抉擇。加入某一陣線之中，是一種認同。不加入任何陣線，是一種孤立。而卡繆選取了前者。

在《瘟疫》一書中，卡繆表示，堅強的人應為弱質的人負起一定的重擔。在這個充滿瘟疫的世界上，每一個人的行動都有可能將死亡帶到他人的身上去。不過，雖然我們全都染了病毒，但我們仍有這樣的選擇自由：加入瘟疫的勢力之中呢，抑或加入對抗瘟疫的行列。卡繆的意願是要從死亡的手中能救活多少人就救活多少人；不過，在這個目標以外，並且較這個目標更重要的，是將人類從他們各自的孤單之中拯救出來。卡繆表示，身處瘟疫之中而與大家在一起，是要比較與大家隔離開來，一個人孤立在外面更為值得的。（「隔離之苦」成了《瘟疫》一書的主題之一。當這部書中的李克斯醫生〔Dr. Rieux〕發現有一隻死鼠在他的診症室外時，他的心神正為其他的事情佔據著：他正在跟他的太太告別。因他的太太患了肺病而須得離開一個時期，到山中休養。怎知鼠疫的蔓延卻會就此而將李克斯醫生與他的太太分隔開來呢？）[14]

關於「認同」的問題，卡繆在他的《反叛者》一書中，有更為

---

[14] Camus, The Plague.

明確的處理。在此，卡繆指示出一種特殊型態的反叛，那是有時會產生於一個奴隸底心中的反叛。當一個奴隸忽然喊道：

> 不！有一個極限的。我會同意到這個程度，但不能再多了！

在這個時候，那奴隸的心中即出現了卡繆所特指的反叛。這時，在什麼是一個物件與什麼是一個人之間，就顯出了、界劃了一條界線。一種新的價值出現了。雖然整個宇宙會忽視它，歷史的壓力也會否定它，但它確實冒出頭了，且向一切阻力挑戰。由是，一種新的力量隨著創生出來，這種力量就是：「團結」。

我們可以說，在笛卡兒看來，是「我思想，故我存在」；但在卡繆看來，則是「我反叛，故『我們』存在」。因為反叛可將人之所以為人的地方重新發掘出來，指示出人與其他東西的分別，同時可將一個人與其他的人連合在一起，發出存在的意志與力量。

六、反叛的型態

除了上述那種「存在性的」反叛之外，卡繆表示，一般的反叛可分三種型態。一種是空頭的烏托邦型，一種是狂熱的破壞型，這兩種皆為卡繆所不取，卡繆所欣賞的，是在這兩者之間的「中道型態」的反叛。

空頭的烏托邦型的反叛者，志在實現某種社會秩序和「標準善」，結果卻以一些抽象的目標來代替了對人類的具體的愛，他們不惜任何代價，不理別人任何犧牲，都要達到他們那抽象的目標。

另一方面，狂熱的破壞型的反叛者，志在否定阻礙人類發展的勢力，結果卻流入仇恨之中，這時他們所想到要做的，只是破壞而已。如果說第一型的反叛屬於烏托邦主義，那麼第二型的反叛可以說屬於虛無主義，這兩型的反叛，其出發點或是好的，但其表現的結果，卻不能算是真正的反叛。可惜，歷來的反叛大都不出這兩個極端。也許這是因為，雖然反叛者在想起自己反叛的原意時，會知道不應該殺害、壓迫、或欺騙他的伙伴，但在現實世界中，如果他仁慈和忠實的話，他的計劃卻會因此而失敗。武裝起來對抗壓抑的勢力而自己永不會成為一個壓抑他人的人，這實在是非常困難的事，結果歷來大多數的反叛都走入了歧途，變成了極端。例如：從形而上的觀點說時，維尼（Alfred de Vigny）的撒旦主義（魔鬼主義）、史團納（Max Stirner）的絕對自我中心主義，從歷史的觀點說時，無政府主義與極權主義，從藝術的角度看時，擯棄實在而趨向狂亂的形式主義，將人化約成一組外在反應的實在主義，等等種種，都可說是反叛的極端，而非反叛的正途。[15]

　　在卡繆看來，可取的反叛是某種意義下的中道式的反叛。例如十九世紀末二十世紀初時的一羣俄國虛無黨員，他們雖然不惜毀滅與死亡，但同時相信藉著他們的犧牲，他們能夠重新創造一個在愛與正義之上建立起來的社會，他們將人類生命的尊嚴與他們對自己生命的犧牲統合起來，視自己的死亡為一種代價。這是一種介乎虛無與宗教之間的態度，或者說是一種將虛無主義與宗教原則結合而

15　就其表現的方式看，反叛可分三型：形而上的反叛、歷史上的反叛以及藝術上的反叛。

得的態度。

　　總結地說，卡繆所讚許的生命型態，可說是一種容許矛盾的兩極端（例如虛無與宗教）同時並存其中、在其中爭衡的生命型態。他認為在我們這樣的世界中，人必須滿足於相對的善，而不要空想絕對的善，人不是神，也不是獸，人只是人，是介乎神獸之間的存在。[16]在《反叛者》中，他說：

　　　　今天，唯一有原創性的生命律則是：學習生存與死亡，並且，為了要做一個人，拒絕去做上帝。[17]

七、生命的幅度

　　簡括以上幾節的大要，依據卡繆的哲學，世界是「非理性的」，人的心靈面對這樣的非理性，常會產生一種對「荒謬」的感受。在這樣的世界中，自殺是向荒謬投降，逃避是自欺的苟存，但在自殺與苟存之間，並非就沒有任何存在的方式，依據卡繆，人可以英雄地存在，對荒謬反叛，從而顯出人的尊嚴、人的偉大。以下討論在卡繆的哲學中「英雄地存在」的較詳細的問題。

　　對於一個意識到荒謬的人，我們自然不能給他的生命製定任何道德規條，不能令得他認為「道德地」應該做這樣那樣，因為，在一個沒有意義的（非理性的）世界中，一切都是容許的（當然不是

---

[16]　卡繆對生命及存在的這種態度，投射到他對藝術的看法上，即形成了一種認為「藝術既需要現實世界同時又須要否定現實世界」的見解。

[17]　Camus, the Rebel (New York, 1954), p.273.

「法律地」容許，而是「形而上地」容許）。這樣說並不表示推許犯罪，其實那只表示行為的結果都是一樣的、無分別的。一個對荒謬有所覺察的人，在他，並無任何一般意義的「道德規範」可言。不過他也有他的「倫理學」或「生命哲學」，那就是：「盡生」，即窮盡生命的全部幅度。

例如那些為反抗而戰的鬥士，當他們明白他們的作為終會成為歷史，同時又明知歷史本無意義（因世界本來就無意義）的時候，如果他還是投入他的戰鬥之中來完成自己的歷史，那麼他就是在窮盡生命的幅度。又例如，若果一個藝術家了解到他的作品必會像他的生命一樣在一段時期之後死亡、消失，但仍然將他對世界的直覺表現在作品之中，那麼，他這種如中國哲學所謂「知其不可為而為」的行為，也就是在窮盡生命的幅度。再例如，那些加入反抗暴君的行列之中的人，如果他認為他的行動不會有什麼有效的結果，且知道有一天歷史終會將一切行動扯成意義相等（即：皆無意義），甚至化為烏有，但他仍然作出反抗的行動，那麼，他也就是在將生命的幅度窮盡。他是在反叛他的命運，是在宣告他的自由，是在擴增生命的偉大。

在卡繆眼中，真正的征服，與地域的佔有無關。真正的征服，其實基於一種沒有希望的反叛，一種沒有將來的犧牲。[18]這是何等英雄、何等悲壯，又是何等美的哲學啊！

---

[18]　Cf. Copleston, op. cit., p.198.

八、沙特與馬勞龐蒂

在第一節「引言」中我們已經提過，馬勞龐蒂曾經一度是沙特的「盟友」，但後來卻顯出了他的思想與沙特的思想之間有不少的分歧。馬勞龐蒂與沙特相異的地方，其中一點是：沙特的哲學基本上有甚多笛卡兒主義的成份（雖然他提示過對笛卡兒的一些嚴厲的批評），但馬勞龐蒂的哲學卻可說是一種「意義曖昧的哲學」（philosophy of ambiguity）[19]，這樣的哲學恰好跟意義明確的笛卡兒主義不同。

此外，馬勞龐蒂也不同意沙特對自由的看法。依據沙特，一個人或是完全自由的，否則就是完全被決定的；而他主張前者（見上一章）。但馬勞龐蒂指出，這是一個錯誤的主張，因為，如果人完全自由而沒有任何被決定的成分，那麼我們何以還能夠分辨那些行為自由那些行為不自由？事實上，我們有些行為是自由的，但有些行為卻被所處的環境決定。

在以下兩節，我們姑且給馬勞龐蒂的哲學作一簡略的引介。

九、對象的曖昧性與知覺的原始性

關於沙特哲學之具有笛卡兒主義的成分，我們在上一章已經提示過了，至於說馬勞龐蒂的哲學是一種「意義曖昧的哲學」，主要的理由是：在馬勞龐蒂看來，事物（對象）本來就是謎樣的、曖昧

---

[19]　J. Passmore, A Hundred Years of Philosophy, 2nd. ed. (Penguin, 1968), p.499.

的。

　　依沙特，只有當一個主體在「自欺」（在墮落的信念中）的時候，才會無法理解他的對象。但馬勞龐蒂則相反，認為對象本就曖昧不明；只是因為我們透過理智思考的眼鏡來看事物，才以為事物是意義明確的。他指出，我們一直就生活在一個知覺的世界中，然而卻在批判性的思想下將這個知覺世界錯過了。沙特將主體與純粹意識視為同一的東西，於是，世界的事物都變得意義明確，因為它們是純粹意識的對象，向純粹意識顯現其自身。馬勞龐蒂則不然，他認為在我們活生生的經驗之中，對象常是意義曖昧不明確的，有時我們會從一種舊的方式進到以一種全新的方式來看事物對象。例如：一向被我們認為是什麼什麼的東西（比方被我們認定是一條繩的東西），有時會忽然呈現為一條蛇（即是說，有時我們會忽然認識到那是一條蛇）。又例如：被我們視為一個具有威脅性的陌生人，是可能忽然在某個時刻被我們視為一個好朋友的。

　　馬勞龐蒂指出，正常的人類行為，並不就是一個有機體在物理刺激之下的一種機械反應；事實上，當我們對某某環境生出某某反應時，我們其實事先就已經給那個環境賦上了某些意義。例如：我們會否對某一刺激對象產生飢餓的反應，這並不取決於該刺激對象具有怎樣的理化結構，而是取決於我們自己是否將那刺激對象視為食物。[20]總言之，馬勞龐蒂認為，在純粹的經驗或知覺中，對象的意義是不確定的。

　　怎樣保存我們底知覺的原始性或純粹性呢？

---

[20]　試將此見解分別與心理學上的行為派及格式托派（Gestalt）的說法比較。

　　馬勞龐蒂認為保存知覺的原始性是現象學的任務。他指出，現象學是一種對本質的研究，視所有（哲學上的）問題皆在於找尋本質的定義，例如找尋知覺的本質、意識的本質等；但另一方面，現象學又是一種要將本質拉回存在之中的哲學，這種哲學是基於人與世界的「事實性」（facticity）來了解人與世界的。現象學所致力的中心，是要重新得到人與世界之間的一種直接的、原始的接觸，企圖給我們的原始經驗作一直接的描述，而不在於給此經驗提出其心理學的起源，亦不在於給此經驗提出科學的、歷史的、或社會的解釋。總而言之，依據馬勞龐蒂的哲學，「回歸到知覺本身」，讓知覺的本來面目自己呈現，而不要將我們的概念套上去解釋，這就是保存知覺之原始性的原則根據。在此，我們不難看出，馬勞龐蒂的現象學跟現象學的宗師胡賽爾的現象學（見本書第十章）在基本態度方面自有相同之處；不過，在另外某些方面，兩人的現象學亦有些差異，其中顯著的一點是，胡賽爾哲學中的「內在主體」（或「內在人」，inner man）這個概念，是馬勞龐蒂所反對的，在《知覺的現象學》（*Phenomenology of Perception*）中，他這樣說：

　　　沒有內在人，人是在世界中的，並且只有在世界中他才會知
　　　道自己。[21]

在馬勞龐蒂看來，人基本上是「在世界中的存有」。（對現象學作

---

[21]　Merleau-Ponty, Phenomenology of Perception, in H.J. Blackham (ed.), Reality, Man and Existence: Essential Works of Existentialism (Bantam, New York, 1965), p.355.

較詳細的介紹，讀者可參看本書第十章。）

十、「身體──主體」

提出「意義不確定的經驗對象」這個概念之後，馬勞龐蒂既攻擊傳統的經驗主義，亦批評向來與經驗主義對立的理智（理性）主義。

他指出，在經驗主義中作為一切知識之起點的「感覺」，其實不外是一種科學的抽象物，而不是真正的經驗對象；我們的知覺世界所具有的並非感覺，而是空間中的事物（things）。這些事物也不如經驗主義者所以為的可藉聯合律從感覺「構造」出來（羅素亦曾主張事物是「感覺基料」的邏輯構造），反之，只有事物才可以藉著相似性或連結性而被聯合起來。另一方面，馬勞龐蒂亦批評了理智主義。依據理智主義，知覺經驗不過是引發純粹思想底活動的一種手段，而非知識的本質要素。在此，馬勞龐蒂指出，如果我們這樣看思想和經驗，那麼，「何以經驗還是必須的」這個問題即變得無法理解，因為，這時我們實在無法說明：為什麼單靠粹純思想有時不能知道外物。簡言之，理智主義只見思想，而不見思想所要求的對象。

在馬勞龐蒂批評經驗主義及理智主義，要在二者之間守著一個「中道」（middle way）時，他提出了一個「身體──主體」（body-subject）的概念。「身體──主體」既不是純粹的對象物，也不是通透的思想主體；而是「曖昧的」。在某些場合他看來是一個對象物，但在另外某些場合他卻是能夠知覺對象物的主體。他並

不作判斷，他與世界的關係是先於理智的，他對世界所產生的活生生的經驗，是一切判斷的依歸。「身體──主體」所知覺到的，總不只是「在那裏」的東西，總不只是那些可通過光波、網膜等項目來分析說明的東西：他所看見的，不是房屋的一面，而是整座房屋，即是說，他能夠知覺到事物的背後，因為他看到的事物，是具有「意義」的事物。

至此，馬勞龐蒂企圖在主觀主義與客觀主義之間找一「中道」。依據他的看法，如果一個人（身體──主體）看見一樣他認為是食物的東西，在吃那東西的時候卻發覺那是不可吃的，那麼，這項發現就會影響到他將來的所見。這個「身體──主體」所遇到的，是一個已經連帶著有意義的世界，但另一方面他自己又能夠給他遇到的世界賦上新的意義。例如：他能夠發現新的食物，或者否定通常被視為食物的東西、否定那是可吃的。由此可見，一個「身體──主體」與世界之間的關係是這樣的：他既不是僅僅主動地營造他所生活在其中的世界（因此這個關係不是主觀主義者所看見的關係），但同時也不是僅僅被動地遇著這個世界（因此這個關係亦不是客觀主義者所看見的關係）。譬如，對一個觀畫的人來說，一幅畫中的事物，例如一片藍天，顯然不能說只是他的「觀看」所主動地營造出來的，但同時，我們也不能說觀畫者僅僅被動地「遇著」的那幅畫，因為他是可能將畫中的藍天視為大海的。

「身體──主體」與世界之間的這種關係，我們可稱之為一種「辯證的關係」（dialectical relationship）。

最後，我們再舉一個例子來說明「身體──主體」與世界之間的辯證關係。依據馬勞龐蒂，我們所遇到的語言，具有一套固定的

規則及固定的意義，這些規則及意義就是文法家與字典編者所分別
描述的，由於此一約定俗成的性質，故我們不能隨自己的主觀喜好
來使用文字，但是，我們又仍然能夠在這樣的語言中發展出一種新
的風格。偉大的文學作品就是這樣，它們總得由某種語言寫成，這
種語言在一個文學作品被寫出來以前就已經存在了，然而，當一個
新的風格被引導進來以後，這種語言卻又會隨之發生一定程度的改
觀，而跟以前不會完全一樣。[22]

---

[22]　Cf. Passmore, op. cit., pp.498-502.

第七章　卜　巴

一、引　言

在中國方面較不為人所知，但在西方的哲學界與神學界方面則早已奠定了一流地位的存在主義思想家中，馬丁·卜巴（Martin Buber）可說是其中最重要的一人。卜巴那種存在主義的宗教哲學，除了對當代的倫理學、形上學、知識論、及神學產生了影響之外，在社會哲學、政治哲學、及歷史哲學等方面也有一定的影響。奧衡姆（J.H. Oldham）在他的《真實生命就是相遇》一書之中，甚至這樣強調地說：「我懷疑是否有任何一部在這個世紀出版了的著作，其中所載的訊息（如果已被了解的話）會對我們這個時代的生活具有如斯深遠的影響後果。」[1]奧衡姆這番話的意思，是指卜巴的代表作《我與你》（*I and Thou*）對現代人生活的影響是無可比擬的。

《我與你》雖然只是一本小書，其篇幅遠不如祁克果的《結論性的不科學的附篇》，也不如海德格的《存有與時間》，亦不如沙

---

[1]　J.H. Oldham, Real Life Is Meeting (London, 1942), p.28.

特的《存有與虛無》，更不如雅士培的鉅著《哲學》三大冊，但就
其對生命的洞見及其對存在的體驗而言，《我與你》在這方面的深
刻程度及豐沃程度是絕不亞於上列各書的。以甚小的篇幅而能夠
在思想界引起甚大的波瀾，環顧二十世紀的哲學學壇，卜巴的《我
與你》（英譯本計只有一百二十頁）實在可以比美於分析哲學陣營
中的維根斯坦（Ludwig Wittgenstein）所著的《邏輯哲學短論》
（*Tractatus: Logico-Philosophicus*）。

卜巴的哲學思想，以《我與你》這部書中的見解為根本，然後
再發展到其他方面（例如社會哲學方面）。在我們討論卜巴的基本
看法之前，我們先簡介他的生平和著作如下：

卜巴 1878 年生於維也納，在孩童時期，由他的祖父所羅門·
卜巴所養育（直到十四歲為止）。在這時期卜巴已經受到了一種澈
底的猶太教育（他本來就是猶太人）。其後，卜巴先後在維也納、
柏林、萊比錫、雪瑞赫等大學研讀，並曾參加郁山運動（猶太民族
重歸巴勒斯坦的復國運動），在 1901 年任郁山主義者的期刊《世
界》的編輯。不久，卜巴的郁山主義顯出了與純政治性的郁山主義
有基本的不同，因為卜巴的郁山主義是精神性、文化性的。

早期的卜巴，其思想有神秘主義的傾向，這時他曾致力詮釋西
方與東方一些神秘主義的經典。漸漸地，卜巴轉向了。他在 1913
年出版的《但以理》（*Daniel*）一書，開始表現了一種存在主義的
態度。而《我與你》的初稿，則成於 1916 年，至 1919 年而得到
「決定性的清晰」，並在 1923 年初版。此後十年，卜巴當了法蘭
克福大學（University of Franfaut）的教授。另外，他又曾與羅辛威
（F. Rosenweig）合作出版了一系列希伯萊聖經的德文譯本，被認

為足以比美馬丁路德在這方面的貢獻。

1938 年，卜巴轉到耶路撒冷的希伯來大學任教，十五年後以七十五的高齡退休，繼續致力於聖經的翻譯。臨退休之時，他曾訪問美國（1951），先後在多間大學講學。至 1954 年，卜巴在漢堡（Hamberg）得到了哥德獎的殊榮。[2]

以下所列的，是卜巴的著作中重要的一些：

I and Thou.

Between Man and Man.

Good and Evil.

Eclipse of God.

Israel and the World.

Paths in Utopia.

Moses.

二、哲學宗教詩

卜巴的《我與你》，曾被稱為一首「哲學宗教詩」（philosophical-religious poem）。[3]這樣形容卜巴的代表作，實在極為恰當。以下我試將這首哲學宗教詩最基本也最概括的其中幾段意譯出來，一方面可讓讀者初步接觸到卜巴這部作品中的基本概念，另一方面又可

---

[2] Cf. W. Herberg, "Introduction" to The Writings of Martin Buber (New York, 1956), pp.6-14.

[3] 見 Smith, "Introduction" to the Eng. tran. Of Buber, I and Thou (T. & T. Clark, 1937), p.VI.

讓讀者能夠較具體地了解這部作品中「哲學的」、「宗教的」與「詩的」一些特色：

> 基於人的雙重態度，對人來說，世界是雙重的。基於人所說的根本辭語之雙重本性，人的態度是雙重的。
>
> 根本辭語不是孤立的辭語，而是連合的辭語。
>
> 其中一個根本辭語是連合的「我──你」；
>
> 另外一個根本辭語是連合的「我──它」；在此，在這根本辭語中不須有一改變，「他」或「她」皆可代替「它」。
>
> 所以，人的「我」也是雙重的。
>
> 因為，根本辭語「我──你」之中的「我」，與根本辭語「我──它」之中的「我」，是有差別的。[4]

> 關係的延線在永恆的「你」那兒相遇。
>
> 每個個別的「你」都是通往永恆的「你」的一瞥；根本辭語藉著每個個別的「你」而稱說那永恆的「你」。……[5]

初讀起來，我們可能會覺得以上的引文難以了解，甚至「不知所云」。但當我們通過了以下幾節對卜巴思想的介紹之後，相信就不再會認為上文怎麼難懂了，而且進一步很可能會感受到其中蘊藏著的洞見和深刻的體驗；尤其對於一些特別有存在的感觸和宗教的經

4　Buber, loc. cit, p.3.
5　Ibid., p.75.

驗的人，卜巴這首「哲學宗教詩」實在是震人心坎、直指生命深處的。這首「詩」讀來顯得含有一些神秘主義的色彩，不過，正如史密夫（R.G. Smith）指出的，這裏的神秘主義可說是 Pringle-Pattison 所謂的「較高級的神秘主義」[6]，因為它不像普通的神秘主義那樣以一種幻覺上快樂的世界來代替當前的真實世界，也不像普通的神秘主義那樣追求「溶入於神聖之中」。事實上，《我與你》這部作品中的思想，是已經從神秘主義的階段中超升了出來的，我們至多只可以說它「具有一些神秘主義的『色彩』」。基本上這部作品是「存在主義的」，進一步說，是「存在主義地對話式的」（existentially dialogical）。

以上所述，在我們接著讀了下面幾節之後，就不會覺得還有什麼太難了解的地方了。

三、「我──你」與「我──它」

在卜巴看來，人對其他人的態度，與人對物件（東西、事件）的態度，其中有一極大的基本分別。人與人之間的關係，是一個主體（我）與另一個主體（你）的相遇。人與物體的關連，卻是一個主體（我）經驗到或思想到另一個被經驗或被思想的對象物。因此，人對他人的態度是一種人與人之間的關係，而人對物件的態度則是一種物體與物體之間的關連（connexion）。

這兩種基本態度，在語言中已有「我」、「你」、「它」這些

---

6   Smith, loc. cit., p.V.

代名詞將之指示出來。卜巴指出「你」和「它」兩個辭語並不必然指謂不同的事物，事實上，同一個事物總可能既被「你」這個辭所指謂，另一方面又由「它」這個辭來指謂。依卜巴，這兩個辭所表示的其實是同一個自己與同一個對象之間的兩種不同態度。一種是「我——你」的態度，另一種是「我——它」的態度。

「我」是不可能孤立地存在的，而是相對於「你」或「它」才會存在，換言之，只有在「我——你」或「我——它」這兩種基本關係中[7]，才會有「我」，孤立地看，那就連「我」這個辭語也失去了意義。因此，從卜巴的哲學來看，笛卡兒的名句「我思故我在」就成了一個錯誤的說法，因為「我思故我在」的「我」，是一個孤離的我。在此，笛卡兒要做的工作，是首先證明有一個「我」存在，然後再顧及上帝與外在世界的存在，但當我們從卜巴的觀點看時，笛卡兒這種思想就顯然是錯誤的；如果不同時設想到其他的心靈或其他的物體，那麼也不可能設想有一個孤離的「我」。

「我——你」這辭語所指的，是一種包含「相遇」（meeting or encounter）的交互關係。只有當一個人以他的整個存有，以他作為一個具體的「真人」的身份（而不是僅僅作為一個物件或一個抽象項目的身份），才可以進到這種交互關係之中。至此，我們有一點須要釐清的是，卜巴所說的這種「我——你」關係，雖然基本上是人與人之間的關係，但有時他又提示，這種關係在某些時刻也可能是人與自然、或人與藝術之間的關係；關鍵在於我們的態度，如果我們將自然或藝術視為「你」，那麼我們與自然或藝術之間的

7　在此我們將前述的「關連」也算為廣義的「關係」之一種。

「我——你」關係也就成為可能；另一方面，如果我們將他人看成一些物件，那麼我們與他人的關係反會轉為「我——它」的關係。

　　以藝術中的音樂為例。我們可以通過音符、節線等項目來分析音樂，這時我們與音樂之間所有的只是「我——它」的關係；當我們轉以另一種態度來對音樂，將一首樂曲作為一個整體來面對，這時，我們與該樂曲之間的「我——你」關係才可能。又例如，假若我們看著一棵樹，考察它的用途、生物特性、幾何形狀等方面，那麼我們就是透過「我——它」關係來經驗或思想這棵樹。但如果我們不這樣做，我們僅僅將這棵樹視為我們所「遇到」的，認為這棵樹與我們互相相遇，那麼我們與這棵樹就在「我——你」的關係或模態之中。

　　「我——它」關係，是客觀性的領域所在，是一般所謂經驗的領域所在，例如思想、知覺、感覺、想像、意願，都是經驗。在此，只有一個「我」的活動；作為物件的「它」，只是這些活動中的一個對象，一個被動的、沒有主動的對象。主動的是「我」，「我」是這些活動的中心；是「我」在思想、在知覺，而被思想、被知覺的是「它」。由這樣的經驗，人類建立了客觀的知識。客觀知識常是關於或基於過去事實的，但「我——你」關係則總是當前的呈現。在「我——它」關係中，關係的兩端較關係的本身更根本；在「我——你」關係中，根本的是這種關係的本身。

　　從以上所述，我們可以看見「我——你」與「我——它」是兩種迥異的關係。這是實情。不過，依據卜巴，這兩種關係雖然迥異，不過他們的內容卻非絕不相同。通過前面舉過的兩個例子，我們當可以理解這點：同是那個「我」，同是那首音樂，或同是那個

「我」，同是那棵樹，「我」與音樂或「我」與樹之間的關係，究竟是「我──你」還是「我──它」，這要看當時的態度而定。

「我──你」與「我──它」並非在內容方面絕對迥異。「它」、「他」、「她」這三個辭語所指的內容亦全一樣。故卜巴說：「在這根本辭語〔它〕中不須有一改變，『他』或『她』皆可代替『它』」。[8]可見卜巴主要是為了簡便而常用「我──它」一辭來總括「我──他」和「我──她」這兩個可能的辭語的。

「我──你」與「我──它」之間的對立，在實際的生活中已見端倪。例如：合作所表現的是「我──你」關係，而控制所表現的則是「我──它」關係。「我──你」關係不同某些哲學中所設想的一個人與宇宙的最高存有（絕對）之間的關係，即是說，「我──你」關係中的「我」，不是一個被吸入絕對之中的個體，而此關係中的「你」也不就等於這樣的一個「絕對」。反之，「我──你」是一種互相合作的，對真實存在的一種完成。所以卜巴說：

通過「你」，一個人成為一個「我」。[9]

又說：

所有真實生命都是相遇。[10]

8　見注4。

9　Buber, loc. cit., p.28.

10　Ibid., p.11.

四、永恆的「你」

從上一節我們可以看出，在卜巴的哲學中，「我——你」與「我——它」因態度的不同乃為兩種相異的基本關係，但在內容上這兩種關係並非絕對迥異。當我們將他人視為一個整體的人，而不是通過客觀考察的眼光來看待他時，他人即為我們的「你」，這時我與他的關係已是「我——你」的關係。然而如果我們將他人視為物件，以所謂客觀的範疇來「研究」對方，那麼，對方雖是一個人，但這時對我們來說已是一個被動的項目，結果，我與對方的關係即成為「我——它」的關係。由此可見，同一個人，在某種情境之中是一個「你」，但在另外某種情境之中又可以是一個「它」。人與人之間的關係，常在「我——你」「我——它」之間轉來轉去，雖然可以說一個人生出來就是一個「你」[11]，但有時卻難免變成一個「它」，被別人以「它」來看待。人是不會滿足於這樣一種暫時性的「我——你」關係的。於是，在卜巴的哲學中，即迫顯出一個「永恆的『你』」（The eternal Thou）的觀念。

永恆的「你」永不會成為一個「它」，這個「你」是存在的中心，其他的「你」只有跟這個永恆的「你」有一直接的關係時，他之為「你」才得到真實的完成。人與人的「相遇」，或人與人之間的交互關係，也是當人首先與存在的中心有一交互的關係時才能真正達到的。卜巴這樣說：

---

[11] 卜巴說人是 inborn Thou.

關係的延線在永恆的「你」那兒相遇。[12]

從知識論的觀點看，個別的「你」之相遇先於那永恆的「你」，但從存在論（即本體論，ontology）的立場看時，永恆的「你」是首先的。所謂永恆的「你」，在卜巴的哲學中就是神。

卜巴的思想，具有十分深刻的宗教性。他認為人基本上就是傾向於神的。每一個人都有他獨一的存有，這存有即來自神，由神所賜予，並且人有將自己的存有全部實現的責任。但這種責任並不是從外來的來源那裏加在人的身上，而是藏在人的存有內部的。卜巴在另一部著作中又說：「神透過祂所不斷地賜給人的生命來向人示意」，「人唯有以全部的生命來回答神」。[13]當人忘懷了神而獨斷獨行，甚至與神敵對地作自我肯定，「停留在一個人自己那裏」[14]，「將自己視為自我創造者」[15]，在卜巴看來，這就是罪，是原始罪咎的根源。至於為什麼會有罪的出現，這問題卻是沒有答案的，那是一種神祕，罪本身就是一個神秘。不過，無論「罪」有多麼神秘，卜巴卻不同意那種關於罪的本體二元論見解，這種二元論認為善與惡（罪）都是實體或勢力，但卜巴則堅持聖經所說的：

---

[12] 見注5。

[13] Buber, Israel and the World: Essays in a Time of Crisis (New York, 1948), "The Two Foci of the Jewish Soul," p.33.

[14] Buber, Between Man and Man (London, 1947; New York, 1948), "What Is Man?" p.166.

[15] M. S.Frideman, Martin Buber: The Life of Dialogue (Chicago, 1955), p.107.

「我〔神說〕是最始也是最終，除我以外沒有別的神。」[16]

　　人不應與神敵對地作自我肯定，反之，人與神之間的「我——你」關係，應是一種愛。在這關係中，人稱他的永恆的「你」為父，而自己是子。人與神的關係是愛的相遇，是「我——你」，而不是「我——它」。人是神的「你」，不是神的「它」；神亦是人的「你」，不是人的「它」。依卜巴，說「神與世界」或說「在世界中的神」，這樣說都是一種將神看作「它」的結果，亦顯出了一種對「神與人」之關係的錯誤態度。另一方面，「在永恆的『你』之中的世界」這句話，卻能夠提示出人與神之間的真正關係是什麼。

　　卜巴所說的神，既不是一般哲學家所設想的神，因為卜巴的神不是哲學中從推論得到的神，祂不是從自然界的存在而倒推得到的自然的造物者，也不是從歷史而倒推得到的歷史的主人；另一方面，卜巴的神也不是一般的神秘主義者所謂的神，因為祂不像神秘主義者所謂的是與冥想的人在某時刻合而為一、不可再分的存有。卜巴所說的神，是與我們「相遇」到的、永恆的「你」。人既完全倚靠神，但同時又是完全地自由的。這可說是卜巴哲學中一個辯證的吊詭（dialectical paradox）。這種在邏輯上看似矛盾的關係，依卜巴的意思，反能指示出人與神是互相合作的創造者：我們需要上帝以存在，上帝需要我們以成全生命、宇宙的意義。這樣的互相成全，是「我——你」關係一個要素。

　　總結地說，依卜巴，神不是我們所能夠刻意尋找得到的（不是

---

[16]　Is. 44:6.

存在主義概論

我們所能夠像尋找一樣「東西」、「物件」那樣可能被尋找得到
的），神只可能為我們「遇到」，或者說，只有我們與神或神與我
們「相遇」才是可能的，因為，神永不會成為一個「它」，神是永
恆的「你」。[17]

五、人，他人，神

在以上兩節，我們簡介了卜巴所說的人與人之間的「我──
你」關係，及人與神之間的「我──你」關係。順著而來的問題
是：人與人之間的「我──你」關係和人與神之間的「我──你」
關係，其間又有怎樣的關聯呢？換種方式來問：如果我們以某一個
人為著眼點（意思是說，如果我們從這個人說起），那麼，這個人
與其他人及神三者之間有什麼關係呢？

依據卜巴，在「我──你」關係中，人的真實人格即會呈現出
來，人的真實存在，是來自「人與人之間」（between man and
man）的。人自己本就具有「社會性」或「人際交互性」。就卜巴
認為人本就具有「社會性」或「人際交互性」而言，卜巴的哲學與
米德（G. Herbert Mead）的哲學有相似的地方[18]，不過，米德的
「社會性」或「人際交互性」對神有一排斥，卜巴在此卻不排斥
神。他認為，人可以透過作為一個「獨一者」（Single one）而體認
神的靈像，再者，人亦可以將神視為一個「獨一者」，甚至視為一

---

[17] I and Thou, Pt.III.
[18] Cf. p. E. Pfuetze, The Social Self (New York, 1954).

個已經成為「獨一者」的人。在卜巴主張人要成為「獨一者」而拒絕為羣眾（crowd）所「吞滅」這點看來，他與祈克果的看法是一致的。[19]所謂「獨一者」，意思不是指「唯我獨尊」的人，而是指那些保得住自己人格的完整性與獨一性的人，他不必排斥他人，但卻不會被羣眾「吞滅」。不過，祈克果又認為每一個人都須要小心，甚至防備與「其他人」之間的關係，並且認為每一個人基本只應與神及該人自己交談或交通。這個看法卻是卜巴不同意的。依卜巴，一個人自己、神、與其他人，這三方面其實有一種基本的關係。他說：

> 如果缺少了與世界及人類之間的真實的關係，那麼與神之間的真實關係即不能在世間達到。[20]

至於與他人之間的真實關係，如上節所提示過的，又只有通過與神之間的真實關係才可能完成。卜巴曾在這問題上提出耶穌來說，耶穌曾將「以全心全意愛神」及「愛人如己」這兩大戒律結合起來，此即表示人與神的絕對關係有其包涵的一面[21]，因此不必將人與他人之間的關係排斥。再者，卜巴表示，與神交談並不等於與自己交談，但卻不必異於與另外的人交談。

---

[19]　可參考本書第二章。

[20]　Buber, At the Turning: Three Addresses on Judaism (New York, 1952), "The Silent Question," p.39.

[21]　固然此關係亦有其排斥的一面，這是因為「要以全心全意愛神」的原故。這是一個「吊詭」。

　　一個人的生命要與其他人之間有一完整關係，先決條件是：這個人「已經成為一個『獨一者』，一個自己，一個真正的（真實的）人。」[22]但我們已經表示過，依據卜巴，作為一個「獨一者」的人，既不必排斥神，也不必排斥他人。反之，如上節所說的，人與永恆的「你」之間本應有一種「愛的關係」。並且，卜巴認為，當一個人將他人視為「你」時，這個人與他人之間也會有一種「愛的關係」。「愛」是一個「我」對一個「你」的責任，在此，所有具有愛心的、去愛的人，都顯出了他們的相似性。「愛」是「我──你」關係的獨特性質，是一個形而上的，在心理層面以上的事實。對於「你」，我們永不可能產生憎恨，或者說，當我們以「我──你」的態度對待存在（人、物、或神）時，我們永不可能會產生憎恨。

　　總結地說，人與神之間有一「我──你」關係，人與人之間亦可有一「我──你」關係。這兩種關係可以相容，甚至互相成全。神需要人以成全生命、宇宙的意義，人需要上帝以得到存在，成全他的真實存在。所以卜巴說：「每個個別的『你』都是通往永恆的『你』的一瞥；……」[23]

六、存在進路的社會哲學

　　以上述那種《我與你》的哲學為基礎，卜巴發展了一套獨特的

---

[22]　可參考 Between Man and Man, "The Question to the Single One"。

[23]　見注 5。

社會哲學。他反對人與人之間取一種「我——它」的關係，反對透過這種關係而將人「物化」，認為將人視為物件是導致「我——你」關係破裂的主因。他指出，真正的社會是源於「我——你」關係的。

卜巴既反對個人主義，亦反對集體主義。他說：

> 個人主義只了解人的一部分，集體主義只將人作為一個部分來了解。[24]

因此，兩種主義都不能把握到人的整全。他又說：

> 個人主義只在人與他自己的關係上看人，而集體主義則根本看不見人；它看見的是「社會」。[25]

卜巴指出，作為一個人，人是不固定的，他要求有所印證。當尋求這種印證時，人可能求之於己，以一種旁若無人的自律或自定的態度求之於己；另一方面，人又可能求之於他，詳細點說是，通過一種他律或他定的態度而成為一個集體（他）的一部分。這兩型印證都是虛幻的，因為在卜巴看來，「印證」根本就是一種相互的過程，旁若無人地求之於己的印證固然說不上「相互」，至於通過作為集體之一部分而求之於他的印證，亦因為個體在這時已消溶於集

24　Buber, Between Man and Man, "What Is Man?" p.200.
25　Ibid.

體之中而失去了印證的真義。在社會生活的層面上，前一型印證即表現為個人主義，後一型印證則表現為集體主義。依卜巴的意思，資本主義與個人主義在本質上是相同的；至於集體主義，不單止包括了蘇俄式的共產主義，且連西歐某些國家所奉行的國家社會主義亦可算在內，只不過國家社會主義所含有的集體主義的成份較為緩和而已。

那麼，卜巴所認為的真正的社會是怎樣子的呢？

正如只有當一個人與其他的個體之間有一種存在的關係時，這個人方可能成為一個真正的人，卜巴表示，同樣地，亦只有當一個社羣集合建基於存在的關係，以存在的關係作其建立的單位時，這個社羣集合方可能成為一個社會，一個真正的社會。因此他在《人與人之間》這部著作中說：

> 只有那些能夠向對方真正地說「你」的人，才能夠一起真正地說「我們」。[26]

再者，亦正如只有與每一個「你」所指向的那個永恆的「你」相遇時，具有真實人格的「我」才會呈現，同樣地，只有當一個羣體的分子與永恆的「你」之間有此關係時，這個羣體才會基於這關係而成為一個真正的社會，這個羣體才會基於這關係而成為一個真實的「我們」。

由此可見，在卜巴看來，一羣人之間只有人對人的感情是不能

---

[26] Ibid., p.176.

構成一個真正的社會的。他認為，要成為一個真正的社會，首先，
其中的個體必須與存在的中心（即神，即永恆的「你」）之間有一
存在的相互關係；其次，這些個體之間又要有一存在的相互關係。
後一種情況必靠前一種情況為來源、為根基，反過來卻不成立，這
即是說，前一種情況並不以後一種情況為來源、為根基。換言之，
當一羣人與神之間有一存在的相互關係時，這羣人之間不一定就有
存在的相互關係；但當這羣人之間有一存在的相互關係時，這羣人
必定與神之間有了一種存在的相互關係。此所以卜巴在《我與你》
一書中就這樣說：

> 社會是從存在的相互關係中建立起來的，而建立者則是那個
> 存在的生效的中心。[27]

七、按語：卜巴的影響‧
現代神學的一面

卜巴可說是當代最出色的猶太哲學家，他的影響遠超出了猶太
社會的範圍。研究卜巴思想的權威之一的赫堡（W. Herberg）甚至
這麼強調地說：「過去一代的每一個重要的基督教神學家或宗教哲
學家都顯出有他（卜巴）的根源影響的痕跡。」[28]

例如在海姆（K. Heim）的 *God Transcendent* 這部著作中，我

---

[27] Buber, I and Thou, p.45.

[28] Herberg, loc. cit., p.11.

們即可看見卜巴的影子。海姆對「向度」（dimensions）這個概念的研究和發展，以之表達「我——它」經驗與「我——你」關係之不同，就是從卜巴的基本斷言「基於人的雙重態度，對人來說，世界是雙重的」而來的一種反省分析。海姆的系統探究，對以前的一元思想方式（monistic way of thinking）作了一個不少的打擊。

又例如哥格田（F. Gogarten）的 *I Believe in the Triune God*，這部作品原本企圖將信仰對歷史的關係作一考察，結果哥格田肯定：我們對他人而有的意識是真實的，而歷史則產生於兩個人的相遇，或者說，至少有兩個人相遇才會產生歷史。現代的歷史學理論，通常將歷史視為一個不斷的因果系統中的過程，但哥格田認為這看法其實是一種抽象假設的產品，他表示，只有當具有責任心的人們在存在的相互關係中相遇時，這整個的情境才可能是實在的。在這裏，我們又一次發現了卜巴的影響。

現代的神學，可說到了一個關鍵性的階段：一個將神看作「它」或將神看作「你」的階段。現代的神學重新發現到「當下抉擇」的必要，發現到存在的神對人所要求的，不是在死掉的過去作抉擇，也不是在幻想的未來作抉擇，而是在當下作抉擇。在卜巴的哲學中，物件常是過去的，當我們看物件為「它」時，它已經朝著過去而逝，至於「我——你」關係，則常在現在之中。人與神之間，既有這種「我——你」關係，因此人與神之間的關係也是當下的。依據卜巴，真正的神學應該在這種關係之上建立起來，這關係是活的關係，存在的關係，所以真正的神學並不以死的教條為基礎。將「上帝的教堂」轉成「教堂的上帝」，將「上帝的經文」轉成「經文的上帝」，凡此等等，都不是真正的宗教精神，而可以說

是「宗教之罪」。[29]

　　真正的信仰既不是由「它」、由教條等東西所構成的世界之中的一種「相信」，也不是對完全成了一個「他」這樣的神的一種「信賴」；真正的信仰，是一種相遇，與永恆的「你」的相遇。在卜巴看來，聖經是一羣有信仰的人與上帝相遇而作出的不斷的見證，因此聖經既是「人的」，又是「聖的」。聖經不是有些人所以為的：只是以色列的民族文學；也不是另些人所以為的：全是上帝所寫的永不會錯的文件；其實聖經在基本上是一個對話錄，一邊是作為「我」而述說的上帝，一邊是作為「你」而聆聽的以色列人。卜巴指出，聖經實在是單一的一本書，雖然其中包括了各樣特色、各樣體裁的詩歌、故事、格言與預言，但這些詩歌、故事、格言與預言都是由一個基本的主題貫串起來的。卜巴曾這樣說過：「充滿著希伯來聖經的基本教旨是：我們的生命是上天與人間之間的一個對話錄。」[30]

　　總結地說，卜巴的宗教思想，在現代思想界中產生了不少的影響，尤其在現代神學方面為然。而卜巴的宗教思想本身，又以他的《我與你》這部著作中的觀念為基礎。《我與你》這部已經可以列為哲學經典的作品，我們可以說它屬於知識論的範圍，因為「我——你」與「我——它」這兩種關係可被視為兩種「知」的模式；另一方面，這部作品亦可以說屬於形上學的範圍，因為它斷說「我——你」與「我——它」這兩種關係在宇宙實在的本身有其根據，

29　即是說，將 the Church of God 轉成 a god of the church，將 the Scripture of God 轉成 a god of the scripture，這些都可說是宗教之罪。

30　Buber, At the Turning, "The Dialogue between Heaven and Earth," p.48.

尤其「我──你」關係，卜巴認為那是實在的；再者，《我與你》又顯然接觸到、並深入地探討了神學的問題，因為這本書所說的永恆的「你」，就是神，而卜巴對永恆的「你」提出了甚多極為深刻的討論。最後，有一點值得一提的是，有些學者，例如赫堡，指出卜巴的哲學對某些人來說似暗示了一種準康德式的看法，認為通過「我──它」這樣的態度我們只能夠接觸到現象的世界，唯有透過「我──你」的態度我們才可能達到實在的世界。佛烈曼（M. Friedman）甚至斷說，從卜巴的基本前提「As I become I, I say Thou」，我們可得這樣的推論：我們之所以相信外在世界的實在性，乃由於我們與其他人（其他的「自己」）之間有關係的原故。[31]

---

[31] Cf, Friedman, op. cit., Herberg, loc. cit., pp.11-39; Smith, loc.cit., pp.VII-XII.

第八章 馬色爾

一、引 言

以時間的先後來看，馬色爾是現代（二十世紀）最早的一個存在主義哲學家。早在 1914 年，他就發表了〈存在與客觀〉（Existence et objectivite）一文，陳述出存在主義的要旨。

與其他各家存在主義比較，馬色爾的哲學最接近祈克果。不過，據說他的基本觀念是獨立地發展出來的[1]，在他還未讀過祈克果以前，他已經有了自己的看法，雖然這種看法所本的態度，後來發覺與祈克果的態度很是相似。祈克果哲學的出發點是對黑格爾哲學的反對，從黑格爾的系統中「解放」出來；馬色爾的情況與此相似，他從英美新黑格爾派的觀念論中解放出來，終於達到一種主觀的、存在的哲學。

馬色爾認為，要指證上帝的存在，我們必先確定什麼是存在，即是說，我們必先能夠精確地把握「存在」的概念，然後纔可能進一步指證上帝的存在。沿著這個路向，馬色爾發展了一套「具體

---

[1]　Cf. I.M. Bochenski, Contemporary European Philosophy (Calif. 1965), p.182.

的」存在哲學，而不是一個抽象的概念系統。他對「上帝」的探
討，令得他後來信了天主教。（在這裏有一點要分辨的是：他的存
在哲學並非基於天主教義而來，相反地，他是先有自己的存在哲
學，後來才信了天主教的。）

在態度方面，馬色爾與雅士培有不少相似的地方。將他們二人
相提並論，是很通常的事，很多哲學學者（例如 M. Grene）都這樣
做。[2]雅士培與與馬色爾皆反對本體論和純理分析；他們皆滿足於
對存在經驗作鬆散的描述，尤其是馬色爾，他的態度「是這麼明
顯地反對系統，以致他的看法較其他存在主義者的看法更難被整
理。」[3]

馬色爾的《形上學日記》（*Metaphysical Journal*），就是一部
以日記體裁來描述他的哲學思考的著作。這本著作中那種個人的、
嘗試性的、以及主題不朗現的色彩，卻正好表現出他的思想特徵。
在他看來，哲學是一種不息的奮發工夫，永不會完全成功的。不像
以前大多數的哲學家那樣以為能夠把握到最後的實在，馬色爾認為
奮發的工夫實是一個沒有止境的歷程，因此，雖然一般（尤其是英
美方面）認為上下兩冊的《存有之神秘》（*The Mystery of Being*）[4]
是馬色爾的代表作，但他本人卻表示不滿意這套書，原因是這套書
太過系統化、太過清楚明白了！

馬色爾的思想，大都「不夠正式地」散見於他的劇本、散文、

2　M. Grene, Introduction to Existentialism, ch. VI.

3　Bochenski, op. cit., p.181.

4　此書由一系列的「基福德演說」（Gifford Lectures）集成，上冊副題是
　　〈反省與神秘〉；下冊的副題是〈信仰與實在〉。

札記、演講紀錄等方面。這固然是他的哲學之所以難被「撮要」的一個原素，但最大的原因，還在他的思想方式。馬色爾是一個「個人的思想家」（personal thinker）：他所反省的是在他個人的生命中對他有特殊重要性且有形上意義的經驗。因此他的反省成了他個人的精神遊歷的一部分。

這種情形並不就表示馬色爾的哲學像神秘主義一樣只是一種對私人經驗的反省。事實上，馬色爾所反省的經驗，例如「希望」，在原則上是可以與他人共享的。他並無企圖要在自己的個人世界中獨居，他只是要由個人的具體經驗出發，目標則在普遍的層面。

在閱讀馬色爾的作品時，我們不宜只看他反省的「結果」，因為他的哲學之可貴處，在於其反省的過程。雖然他的哲學也有一些「結論」，但如果我們不順著他的反省過程來看，而只是通過這些結論來看的話，我們是會錯過馬色爾哲學中不少令人覺得親切的看法的。[5]

馬色爾 1889 年出生。他的家庭是一個有教養的家庭，他的父親曾任史托坎（Stockholm）的法國公使。馬色爾四歲喪母，他是由他的姑母養大的。他的母親是一個有光彩的婦人，他的姑母則是一個嚴刻的不可知論者（Agnostic），兩人之間強烈的對比，對馬色爾產生了很大的影響。他說：「在可見者與不可見者之間的這種極端相反性，在我的生命及思想中所佔的地位，遠遠大過其他任何可能見於我的作品中的影響」。[6]

---

[5]　Cf. F. Copleston, Contemporary Philosophy, London, 1933. pp.165-166.

[6]　Cf. H.J. Blackham, Six Existentialist Thinkers (London, 1965), p.168.

從孩提的時期開始，馬色爾一直有很多機會旅行，這對他的思想的形成，佔著很重要的地位。當第一次世界大戰期間，馬色爾參加了紅十字會，擔任找尋失踪者的工作。據說這個工作令得他經驗到第二身份（second person）與第三身份（third person）之間有不同的世界。

馬色爾在年青的時候就已開始寫作劇本和哲學作品，他的哲學最初受到觀念論很大的影響。像維根斯坦一樣，馬色爾對音樂亦一直有極濃厚的興趣，但他除了欣賞之外，更有作曲和即興演奏。他說：「它是我真正的天職，單在其中我纔是創造的。」[7]他也曾間歇性地教過書。1929 年（三十九歲）在羅馬教會受洗。雖然馬色爾成了一個天主教徒，但他對傳統的天主教哲學，尤其是多瑪主義（Thomism）的權威，卻取一種否定的態度。

1949 年，馬色爾被邀作基福德演講（Gifford Lecture）。對於一個哲學家，尤其是歐陸方面的哲學家，被邀作這個演講是一種極高的榮譽。在今天，馬色爾是天主教哲學最重要的發言人之一。此外，通過與年青一代的廣泛接觸，他對當代的法國思想產生了很大的影響。

馬色爾的作品，其體裁是多樣的。以下所列是他在哲學方面較重要的著述：

Metaphysical Journal (1913-1923)

Being and Having (1935)

Creative Fidelity (1940)

7　　Ibid.

The Mystery of Being (Gifford Lectures, 1949-1950), vol. I,
Reflection and Mystery, vol. II, Faith and Reality.

The Influence of Psychio Phenomena on My Philosophy (F. W. H.
Myers Lecture, 1956)

The Philosophy of Existence (collected papers, including "An
Essay in Autobiography, 1947)

The Existential Background of Human Dignity (W. James Lectures,
1961-1962)

　　不少論介到存在主義的書冊（例如 Copleston, MacIntyre 等人的
論述[8]），在介紹馬色爾時，多數僅僅介紹他關於「初反省與再反
省」和「問題與神秘」這兩個說法。我們在本章除了討論馬色爾這
兩個說法之外，還討論他的哲學中一些其他的方面。

　　我們先一般性地看看馬色爾的哲學態度，這是以下一節（第二
節）所要說的。跟著我們在第三節討論在馬色爾哲學中可作為一個
出發點的基本觀念：「投入的自我」。基於從這兩節所得的了解，
然後我們才在第四、第五以及第六節順次介紹他的「初反省與再反
省」、「存有與佔有」、「問題與神秘」等說法。

　　固然，馬色爾哲學的內容，並不就止於此。除了本章所述的基
本觀念之外，他還有關於人與人之間的「你」（thou）的關係（此
點與卜巴的說法有接近之處）、關於忠貞、誠信、關於希望、關於
愛等等的說法。但無論如何，通過本章所介紹的，我們當可對馬色

---

[8]　Copleston, op. cit.; A. MacIntyre, "Existentialism" in D.J. O'Connor (ed.) A
　　Critical History of Western Philosophy (Glencoe, 1964), pp.509-529.

爾哲學基本的地方有一個概括的認識。

二、從零出發

　　馬色爾指出：我們被投於其中的宇宙，無論它的最終意義是什麼，它總不能夠滿足我們的理性。因此他主張：就讓我們勇敢地面對這個事實吧。在他看來，我們根本不能單靠理性來「透入」宇宙的神秘處。哲學家的最高任務並不在於提出一堆「官式真理」（official truths——即是說一堆易於在國際哲學會議中被通過的真理）。藉著最後的分析，我們將可看見這些所謂的真理其實只是一堆濫調而已。祈克果或尼采等哲學家，其最大的功績，正可能在於他們不僅以其論證，且更以其全部的生命嘗試來證明真正的哲學家不可以是一個會議者（專會開會的哲學家）。在考試之中，總有清楚的規則訂了下來，而試場亦是早就設定了的；但在外面的真實世界中，卻沒有這種設備。什麼是既定的成規？什麼是不可修改的權威結論？馬色爾認為：生命的結構即可顯示出那些企圖從既有的結論推到現有的結論，終而推到一個「總結」的哲學思想，是不忠於實在（或真實）的。這種不忠於真實的做法，結果就是一段一段有待記憶的文字而已。不要什麼「總括」、不要什麼「結論」，這可說是馬色爾的基本哲學態度。所以他在《自傳》中說：「在一定的意義下，一切恆從零而開始。」[9]

---

[9]　Marcel, An Essay in Autobiography, reprinted in Blackham (ed.), Reality, Man & Existence: Essential Works of Existentialism (N.Y., 1965), p.163.

　　哲學上有一種看法，認為有一個「可理解的整全」，這個整全乃辯證歷程的原則和目的。[10]對這種看法，馬色爾站在反對的一方。他指出：他之所以反對這看法，是由於他認為行動並不等於思想的內容。一個行為基本上就是投身某種特定的情境中。在馬色爾看來，「實在」不是空洞的思想，而是具體的情境。他說：「現在回顧起來，我看出我是在嘗試建立一型具體而動人的關係，以代替那種固有的或外表的關係……」[11]

　　我們可不要誤會馬色爾強調行動的基本性即表示他重視那種關於自由的哲學，反之，他指出：關於自由的傳統問題，素來沒有令得他產生什麼大的煩惱，因為，他一直就認為人根本是自由的，所以在這方面不成什麼真正的問題。那麼馬色爾的真正問題在什麼地方呢？他說：「我的目標是要發現：一個主體在他作為一個主體的實際能量中，是如何與實在關連起來的──這個實在乃在此情況中不能被看作客觀、但又恆被要求且被認為是真實者。」[12]這是馬色爾的形上學一個持續的用心所在。

　　《形上學日記》一書，是馬色爾以文學的散文體所寫成的，此書的基本觀點，在於排斥那種「認為思想能夠客觀地規定實在、且有資格對實在立法」的看法。馬色爾指出：他的看法恰好相反，他認為要了解實在，須要投入其中（而不是自外規定）。對於實在，哲學家永不能取一種旁觀者的關係，永不能像一個觀望一幅圖畫的

---

[10]　讀者參考新黑格爾派的哲學。

[11]　Marcel, loc. cit. p.164.

[12]　Ibid.

旁觀者。因此馬色爾的哲學探討即預定了一種關於「神秘」的概念
（此概念在他的〈論本體論的神祕〉一文中即有界定）。

順著這個哲學路向，馬色爾看出，他的思想發展主要是一種探
索的呈露，其對象為直接的經驗，這好像一個未經開發的洞穴，而
他在其中摸索。這是一種扣緊直接經驗的探險，而不是僅藉思想進
行的對「實在」所作的規定。馬色爾說：「我相信只有當我的經驗
仍然含有未經開發與未經規約的地方，我才能夠像一個哲學家一樣
地具有創造性。」[13]

現在我們當可明白為什麼有些人稱馬色爾為「經驗論者」了。
但事實上，馬色爾與一般的經驗論者有所不同。他指出經驗論有一
個錯誤，那就是忽略了經驗中的發明成分以及真正經驗中的創造
性。經驗論者將經驗視為當然，忽略了它的神秘處，這是馬色爾所
指責的。他認為形上知識的深度化主要不在於進步的技巧，而在於
經驗自外轉內，轉向對自己的認識上。

三、投入的自己

馬色爾認為：存在的思索與抽象的思考不同，存在的思索出自
「投入的自己」（involved self）。「投入的自己」與「抽象的自
己」（abstracted self）相對，抽象的自己所尋求的，是塑造一種關
於「實在」的無所不包的「概觀」。馬色爾認為事實上沒有、且亦
不可能有這樣一種古往今來放諸四海皆準的「概觀」。我們在世界

13　Ibid., p.165.

中的處境實是「浪遊者」（wanderer）的處境。我們是一種「巡迴的存有」（itinerant being），永遠都是在進程之中從一個具體的情境（或處境 situation）走到另一個具體的情境，永無止息、永無絕對的完成。

我們可以看出以這種態度為基礎的哲學是不會接受所謂「普遍有效性」（universal validity）的。馬色爾即認為，各色各樣的觀念論的錯誤，乃在於它們要求達到「普遍有效性」。在〈存在與客觀〉一文中[14]，馬色爾批評觀念論將一切事物轉為純粹的對象。在他看來，事物不只是在我們面前的「本質的形體化結果」這麼簡單，其實它們的存在對我們有親切的影響。觀念論之弊在於它忽略了事物對人的「呈現」（presence）。結果，觀念論者竟會懷疑存在的實在性，甚至認為只有本質才是實在。

馬色爾表示，我們不能真的懷疑「究竟有沒有任何事物存在」。我們可以懷疑鍾士究竟是否誠實，因為鍾士的誠實跟他的存在是可分離的（即是說：鍾士存在，卻可以是不誠實的），但我們卻不能懷疑有沒有任何事物存在，因為存在跟存在物（事物）是不可分離的。觀念論者將每一個斷言都化約成假設的形式。以這種方式來討論世界雖有一定的價值，但這與人類的具體經驗之間卻有一道鴻溝、一段距離。

馬色爾怎樣直接透視人的具體經驗，怎樣直接透視人的具體存在呢？

---

[14]　Marcel, "Existence & Objectivity", reprinted as an appendix to the English translation (1952) of the Metaphysical Journal.

　　馬色爾的方式，就是緊貼著具體的情境，令得他的哲學反省跟具體的情境結合，致使二者之間具在「存在的關連」。在馬色爾看來，哲學的特殊工作，是描述在情境中的「意義」。這種工作是一種現象學的工作，這即是說，以日常活生生的經驗為出發點，從而直接描述體驗的結果。這種工作與抽象的思考是相反的。馬色爾曾指出：他全部哲學中的有力要素，就是對抗抽象精神的一種頑強不屈的鬥爭。[15]

　　抽象思考對具體的存在有一種威脅，具體的存在會迷失於抽象的思考中。另一方面，現代生活中瀰漫著的集體化結果亦造成對具體存在的一種威脅。馬色爾指出：在社會的集體化、劃一化之下，個人的人格即為之解體、消溶。現代集體化的世界有一個趨勢就是將個體與該個體的活動之官方紀錄同一起來，個人的人格被化約成一張身份證，人性實已面臨一種迷失的危機！在這種情境之下，人被通過一些可被替代的功能來界定，而不是被看作獨一的、不可替代的自己。於是，創造的活動被「標準化」了（如此實即不成其為創造），每一樣事物，包括人類本身，都被化約到一種平庸的平均律中去。

　　從馬色爾這種說法，我們可以看到祈克果哲學的投影。不少學者認為馬色爾的哲學路向最接近祈克果，實在不無道理。在〈當前的時代〉一文中，祈克果即指出，個體（或個人）在羣眾之中被一種「削平的過程」（levelling process）所消溶。他說：「這一個世代是想要拉平一切而解放自己，想要摧毀權威且同時摧毀它自己，

---

[15]　馬色爾可說是除了祈克果以外，對「抽象」反抗得最強烈的存在主義者。

它憑結合原則所產生的懷疑風氣，放出一把沒有希望的抽象之火，結果是這世代已摒除了個性和一切有機的、具體的，而拿『人道』和人與人中間的數目字上的平等來代替。」[16]

四、初反省與再反省

對馬色爾哲學的基本態度和觀念有一定的了解之後，我們可進一步討論他的哲學中一個中心的問題，這問題就是：「我是誰？」馬色爾認為：只有通過對這問題的討論，我們才能夠自現代思想中客觀化的趨勢中解放出來，回歸到我們原有的活生生的直接經驗中。對這問題的討論，馬色爾要求的是一種具體的而不是抽象的討論。要了解這種分別，我們得先說明馬色爾有關「兩種反省」的說法。

馬色爾將反省區分為不同的兩層：第一層是「初反省」（primary reflection），第二層是「再反省」（secondary reflection）。

初反省是分析性的，要將經驗的統一解體。再反省則是復元性的，要將初反省所解體的重新統一起來。馬色爾認為，只有藉著再反省，我們才能夠透入自己的深處。在他的哲學中，再反省遠較初反省為重要。再反省的任務，並不在於分割和解析，而在於重建（re-establishing）。依馬色爾之意，笛卡兒的哲學是有不少缺點的。我們知道，笛卡兒是理性主義的大師，他的「我思故我在」，

---

[16] Kierkegaard. The Present Age, 謝秉德中譯，《祈克果的人生哲學》（輔僑）頁 38-39。

是理性思考的一個結果。在馬色爾看來，笛卡兒所說的「我」是藉著初反省而推出來的，因而只被看成與存在的事實僅有多少關連的一種「思想對象」。但正如康德所已經指出的，「存在」並非可以加於思想對象之上的一種性質或謂詞。馬色爾即表示，再反省才可以將存在的真面目展示出來。在再反省之下，存在就是在實踐中被感官所經驗到的。在實踐中對自己的存在所得的這種了解（或解悟），可稱為「存在的不可疑者」（existential indubitable）。

在有關自己身體的活生生的經驗中，這種「存在的不可疑者」即顯而易見了。在初反省的層面，我自己和我的身體間那種渾而為一的關係是不成立的，初反省將這種渾一分割開來，將「我」轉化成一種普遍的意識，而我的身體則被轉化成一種客觀的實體，一種只不過是處於其他身體之間的實體！初反省的這種態度，是一種客觀化的分離的態度，在這種態度之下，我們的身體被一般化，成為科學探究的資料，成為解剖學或生理學的對象。但到了再反省的層面，情況卻大為不同了。再反省將我們的存在真相展現出來，在這種「視覺」下，我們的存在與身體是渾一不分的，這個身體不僅是芸芸眾物中的一物，它是獨特的、惟一的、我的。簡言之，在再反省的層面，我的存在是一種「具肉體的存在」（incarnated existence）。

笛卡兒的心物二元論，認為心與物是截然不同的兩種本體（substance），於是，依照這種說法，人的自我與人的身體是交通無門的。在馬色爾看來，笛卡兒這種說法其實只在初反省的層面才會產生。如果我們進行再反省，我們將會發現，將我的身體看作「屬於」我的，為我所「佔有」的一種東西，是不切實情的；「佔

有」這個概念並不適用於我的存在中那種「具肉體」的性質。「佔有」是一種外在關係，以這種關係來看我和我的身體，即看不見其渾一不可分的情況。再反省即顯示出實情並不這樣，在再反省的層面，我們會看見我的身體並不是我的內在存有所偶然地佔有的，反之，它是構成我的內在存有不可或缺的成素。簡言之，身體不是我所「有」的，而是我所「是」的。馬色爾指出：對我而言，我的身體不是一個對象，而是我自己。

【馬色爾所謂「我是我的身體」的說法，其意思並非說「我」是物質性的，因為，依他之意，「『我』是精神而我的『身體』是物質」這種看法，根本就是初反省的結果。如果我們進行再反省，我們就會看見，「我的」身體並不是唯物論所說的物質，亦不能說是我所「有」的，而實在是我所「是」的。】

五、存有與佔有

通過以上的討論，要了解馬色爾關於「存有與佔有」（being and having）的說法，當不會怎麼困難了。馬色爾十分強調存有與佔有之不同。他指出：在佔有中，佔有者與被佔有者之間的連繫，只是一種外在的關係。但在存有之中，則是一種內在的連繫，那不是「佔有」，而是「參與」（participation）。對於外物或對象，人可以佔有之，但對於存有，人卻是參與其中。

在初反省的階段，我們的身體是我們所佔有的對象，它是一種物質的組合，只是與我們自己連在一起而已。從笛卡兒的哲學觀點看，這種「連在一起」並沒有什麼必然性，只是偶然的事實。在這

個階段，所謂人只是他的自己與他的身體的加和。但到了再反省的層面，我們即有一種深一層的經驗，這種經驗顯示出，我自己與我的身體是渾一不可分的。馬色爾強調地說，我就是我的身體，我作為一個身體而存在，我作為一個具肉體的存有而存在。對這個具肉體的存有而言，關於身體的經驗與關於自我的經驗乃是一種不可分割的現象。

　　身體與自我的關係（身心問題），一向是哲學上一個難解的課題，現在到了馬色爾的手中，可說得到了一種獨特的解決。而同時，這也是馬色爾對「我是誰？」這問題的一種「解答」。在馬色爾的觀點下，以前將身體外在化或對象化的結果即產生笛卡兒式的難題。但他卻一反以往，將身體「存在化」（existentialized）。這樣，身體不再是主體所佔有的一個對象，而是構成主體不可或缺的成素。

　　從以上所述，我們可以看出，佔有與參與是不同的。我們可通過「參與」來了解存有的意義。要進一步認識馬色爾所說的參與是什麼，我們可看他自己所舉的例子。他用農人與大地、水手與大海的關連來作說明。大地對於農人及大海對於水手，其中的關連並不是「有用」這麼簡單，這種關連實在是超越於「有用」之上的。在存在的觀點下（from an existential point of view），農人並不將大地作為一種單純的佔有物，反之，大地成了農人的存有的一部份，農人是「存在地」與大地合而為一的。離開大地，沒有了大地，農人將不再是農人了。同樣地，水手與大海之間的關連亦如是。這是一種感情，一種作為參與的模態的感情（馬色爾認為感情是參與的一

種模態）。[17]

六、神　秘

　　農人與大地、或水手與大海之間的連繫，可用來說明人與存有之間的關係。從各種角度來探索存有，將存有的諸貌盡量顯現出來，以及由此而展示存有的神秘性，展示存有的沒有結論性，這些是馬色爾哲學的一個最高目的。在他看來，存有是一個神秘的深淵，因而不能通過客觀的研究來將它的本性概括地描述，我們亦無法得到關於存有的「最後結論」。我們的身份像一個探索者，存有的面貌可能在我們的探索過程中逐漸呈現，但這種探索過程卻是永無止境的。總言之，馬色爾認為存有是一個神秘。

　　要了解這點，我們要先明白馬色爾對「神秘」與「問題」的看法。

　　馬色爾指出，問題（problem）和神秘（mystery）不同。問題與我們自己之間有一定的距離，是我們所要解決的並且是外在於我們的東西。但神秘則不然，神秘不外在於我們，反之，我們自己即包含在神秘之中。馬色爾在《形上學日記》中說：

> 　　一個問題乃是我所遇到的某樣東西，那是我會發現完全在我面前的，因而亦能為我所掌握、為我所化解。但一個神秘卻

---

[17]　Cf. Marcel, The Mystery of Being, vol. I; Magill (ed.), Masterpieces of World Philosophy (London, 1963), pp.112-117.

> 是某種連我自己都包含在內的東西，因而它只能夠被看作一
> 種境界（sphere），在這種境界中，在我之內者跟在我之前
> 者之間的區分再也沒有什麼意義了，原有的這種區分的有效
> 性亦泯滅了。[18]

簡言之，我們解決問題，卻包含在神秘中。

在第三節我們已經提過「呈現」（presence）。馬色爾說的神
秘，所對的是呈現；而問題所對的則是對象。對象可以通過客觀的
理性決定來把握。故問題可以藉著適當的技巧來解決。但神秘卻超
出任何的技巧，我們無法以技巧（或技術）來處理神秘。馬色爾
說：

> 一個真正的問題是聽任於適當的技巧的，藉著這種技巧的運
> 用，問題即被界定；但一個神秘卻超出每種可思議的技巧，
> 就「神秘之所以為神秘」即可以這樣說了。[19]

存有是神秘而非問題。在馬色爾看來，當我們將存有化解為問題之
後，存有的意義即因而消失，將一個神秘轉成一個問題，等於將神
秘貶降。由此可見，在馬色爾的哲學中，神秘較問題更為重要、更
值得哲學家去「存在地探索之」。

---

[18] Marcel, "The Position of the Ontological Mystery & the Concrete Approaches to It", reprinted in Blackham, op. cit., p.166.

[19] Ibid.

　　「自己」是一存有，當這存有的神秘被看成一個問題，或者
說，當我們通過解決問題的程序來著手處理「自己」這存有的神秘
時，我們無異用客觀的方法來處理主體，於是，個人的主觀特質就
會解體。我們假設了在身心的關係上「問題」存在，假設此問題是
一種理智上的困惑，要由理智的方法來解決。但這只是在初反省的
層面才會有的事。藉著再反省，我們即可看出，這種身心關係的
「問題」，跟「太陽黑點與大氣干擾之間的關係」的問題，其性質
實在很不相同。對後者而言，我們只是一些漠不關心的觀察者；但
對前者而言，我們卻是其中的一部分，我們自己本就包含在其中。
去了解身心關係時，我們不能再是一個旁觀者，我們的反省是施於
我們自身的。這是一個神秘，不是問題，它無法在初反省的客觀層
面上被解決，因為我們所考慮的是我們自己的存在。我們唯有參與
其中，一方面藉再反省來進行各種角度的摸索，同時又要明白到這
本是一個神秘，是永遠沒有結論的。

第九章　雅士培

一、引　言

　　當代存在主義的大家，如果要區分的話，可以分成兩組。海德格與沙特屬於一組，雅士培（Karl Jaspers）與馬色爾（Gabriel Marcel）屬於另一組。除了一般所謂前一組是無神論者而後一組是有神論者之外，兩組在其他方面還有重大的不同。前一組的哲學是嚴格的（這裏的「嚴格」，意指系統性、緊湊性等，不必是分析哲學家所說的「嚴格」），且有學院派的色彩。後一組的哲學則比較鬆散、較缺少系統性[1]，且帶有文學的情調。就「有神無神」而言，前一組相應於尼采；後一組相應於祈克果。但如果從哲學態度來說，則我們可以說後一組的哲學才是「正宗的」存在主義，因為後一組較前一組在態度上更接近祈克果和尼采。（雖然在哲學地位方面，很多學者都認為前一組較後一組為高；在名氣方面亦然。）

　　就哲學的整體看，其他存在主義者的哲學，都沒有雅士培的那

---

[1]　也有些學者認為雅士培的哲學在各家存在主義中是最有系統的一種。這要看我們怎樣界定「有系統」或「系統性」了。

麼平衡。即是說,雅士培沒有像其他存在主義者那麼「偏激」。例如:一般的存在主義者,就算不至於反對科學,也大都是輕視科學、置科學於不顧的。但雅士培卻寫有專門論科學的文章,例如〈哲學與科學〉、〈科學與學問的本性〉等就是。[2]此外,對於理性,亦沒有任何一個存在主義者像雅士培那麼重視。「實存」和「理性」是他哲學中的兩個基本觀念,由此可見「理性」在其哲學中的地位是何等重要了。「實存」的觀念來自祈克果,「理性」的觀念來自康德。祈克果和康德可說是對雅士培影響最大的兩個人。

雅士培於 1883 年在奧登堡(Oldenburg)出生,他的父親是一個銀行經理。年輕時,他曾在海德堡(Heidelburg)和慕尼黑讀法律,其後轉行在柏林、哥廷根、及海德堡等地研究醫學,共五年之久。第一次世界大戰之前,雅士培曾在海德堡的精神醫療院任科學助理。1913 年,他的《一般精神病理學》(*General Psycho-Pathology*)出版。此後,他的學問重點從精神病理學轉到哲學方面去。教了五年哲學之後,到了 1921 年,雅士培在海德堡受任為哲學教授。但在 1937 年,其職位卻為了政治上的原因而被德國國家社會主義的政府辭去,至 1945 年第二次世界大戰結束時復職。1948 年以後,雅士培轉到巴蘇(Basel)任哲學教授。[3] 1969 年逝世,享年 86 歲。

雅士培在哲學方面最重要的著作是 *Philosophie*(1932 出版,共三冊)及 *Von der Wahreit*(1947)。至於以大綱的形式將其哲學

---

2 在各存在主義者之中,雅士培是對科學最內行、最有研究的一人。

3 H.J. Blackham, Six Existentialist Thinkers (London, 1961), p.167.

的內容勾劃出來的，則有以下三部：

Reason and Existenz（英譯：1956）

The Perennial Scope of Philosophy（英譯：1950）

Way to Wisdom: an Introduction to Philosophy（英譯：1951）

上列的第一本書有英譯者俄耳（William Earle）的一篇序言。此書原是雅士培於 1935 年在格蘭寧根（Groningen）大學的五個演講，在此，他對祈克果和尼采之作為當代哲學的創始者，作了一個評估，並進而將他自己的哲學大要提示出來。上列的第二本書，也是由一集演講稿合成的，原是雅士培於 1948 年在巴蘇大學的演講，在這裏他闡釋了其「哲學信仰」（Philosophical faith）的意義。上列的第三本書，又是基於一系列的演講而構成者，這次是廣播演講，介紹了雅士培底哲學思考（philosophising）的路數。

此外，雅士培的著作中，較重要而有英譯本的還有以下各種：

Tragedy Is Not Enough（英譯：1952）

Truth and Symbol（英譯：1959）

以上兩本同是 Von der Wahreit 的一部份。

On My Philosophy（1951）

以上是一篇自述性的文章，譯文載於考夫曼（W. Kaufmann）編的 Existentialism from Dostoevsky to Sartre 一書中。

Nietzsche（英譯：1965）

The Importance of Kierkegaard（1952）

從上列第一本書及第二篇論文，我們可讀到雅士培對尼采和祈克果的了解及評價。

Man in the Modern Age（英譯本第二修訂版：1952）

The Origin and Goal of History（英譯：1953）

The Idea of a University（英譯：1960）

The European Spirit（英譯：1948）

Reason and Anti-Reason in Our Time（英譯：1952）

最後，我們舉一部關於雅士培哲學的研究文集：

P. A. Schilpp, ed., The Philosophy of Karl Jaspers（1957）。

在以下的第二節，我們先說雅士培怎樣看祈克果和尼采底哲學的意義。雅士培在這方面的了解，對他關於哲學底性質的看法產生了很大的影響，我們在第三節述說他怎樣論哲學。以這些認識為背景，我們開始討論他的哲學主張。第四節敍述他對「自己」的看法。雅士培認為：人的真實自己，乃基於他的「實存」。「實存」可說是雅士培哲學的一個中心概念，我們在第五、六兩節先說他對「象限」的看法，由此引入關於實存的討論。第七節敍述雅士培所謂「實存」的意義是什麼，並討論實存與理性的關係。至此，我們已知道在雅士培的哲學中，實存是象限底各模態的根基，理性則是各模態的限制。這種見解，是所謂「哲學的真理」所顯示出來的。哲學真理是怎樣得到的呢？雅士培表示，這種真理是在交通中得到的。第八節即討論雅士培對真理和交通的看法。最後，在第九節，我們附述雅士培怎樣論科學及其與哲學的關係。

二、論祈克果與尼采的意義

《理性與實存》（*Reason and Existenz*）一書，可說是雅士培對他自己底哲學所作的一個提要。此書從討論祈克果和尼采的哲學

及其歷史意義開始。

　　雅士培覺得，在祈克果和尼采之後，哲學不能再是從前的樣子了，因為，他們兩人已經將我們喚醒過來，要我們注意自己作為一個人的問題和處境。（稱雅士培為祈克果和尼采的「門徒」是不適當的，他們兩人是這麼獨特，沒有人能「師承」他們，但是，雅士培仍是極為重視他們，接受了他們的精神，認為一個真正的哲學家主要即在於反省他自己對生活的努力，且利用反省的結果來成就自己的人生。）雅士培認為，祈克果和尼采是哲學史上特出的兩人，他們給哲學開創了一個新的紀元；傳統哲學到了黑格爾的手中，已經達到它的終點，這種哲學將理智性的、全體性的系統建構起來，將什麼東西都理智化了，成為一個輝煌的「宮殿」，然而，這個宮殿雖然輝煌，卻無人能夠在裏面居住；具體的、真實的人之存在，是有成功也有失敗、有苦味也有甜味的，但在理智哲學的宮殿中，這種「有血有肉」的人之存在，卻沒有一席位置。

　　不過，只是反對傳統的形上學，對哲學本身也沒有什麼好處。在反對傳統形上學的潮流中，有一支將哲學消融於科學之中，他們從科學那裏尋求生命的哲學。另一支則將生命的哲學委諸宗教，他們在宗教那裏將情感和想像寄托下來。這類宗教崇拜和科學崇拜雖是截然不同的兩個極端，但其俱為迷信則一。對雅士培來說，宗教迷信和科學迷信都只能藉著「回歸到哲學」來補救。但我們現在所要回歸的哲學，卻不能再是古典哲學的一套了。哲學不應再裝作是「普遍的知識」（universal knowledge），存有問題不是通過理智的大系統就能完滿解決得了的，在這方面，雅士培提出「實存」（Existenz）為中心來探討。（英文中「Existence」這個字的涵

義,並不全等於雅士培哲學中「Existenz」這個字的涵義,因此我們將後者保存,譯之為「實存」。)據雅士培的定義,哲學就是對實存的說明。

對實存的說明,並不等於將實存概念化(conceptualized)。「說明實存」就是讓實存在具體的情境(concrete situations)中表現自己,「將實存概念化」則是通過客觀的邏輯範疇來處置實存。雅士培認為,我們不可能對存在的實在(existential realities)或實存有一種關於其內容的統一透視。因此,他的工作並不是要將實存概念化,而是要給實存一種存在的說明。他認為,這種哲學態度,在祈克果和尼采的具體思索中,已經可以找到典型的例子。他們兩人對傳統的系統哲學的批評,已顯示出一種典型的存在哲學的態度,這態度就是:反對將思想圍於一個「簡單而完備」的系統中。他們的興趣,在於從內部來了解存在的實在。尤其是祈克果,他所說的「主觀的思考」,即充分表現了這個傾向。「完備的存在系統」是不可能得到的,因為實存並沒有最終的內容,它永遠在發展之中。祈克果和尼采都是對實存具有這種洞見的人,通過他們的哲學,我們可以看出黑格爾的邏輯與實存之間是如何沒有關連。在雅士培看來,祈克果和尼采兩人乃是哲學史上「偉大的例外」。[4]特別是祈克果,他對玄想的抨擊,令我們可以看到黑格爾的本質主義和理智主義是怎樣地忽略了實存的一面。

從正面看,祈克果和尼采兩人實已建立了一種重新界定哲學的基礎,這個基礎就是:對哲學中「態度的」成分而非「學說的」成

---

[4]　Ibid., p.43.

分之強調，且將哲學看作一種對實存的說明。在祈克果的重要著作
（例如《結論性的不科學的附篇》）和尼采的重要著作（例如《查
拉圖士特拉如是說》）中，我們可以發覺，他們並沒有發展一套固
定的「學說」，一套可從他們個人的思想中抽離出來而獨立的「學
說」。他們都認為自我反省乃是求真之道。「實在」是要通過深入
自己的深處才能被發現的。因此他們對那些將知識化約為簡單的量
化材料的所謂「客觀科學」就抱著一種懷疑的態度。

三、論哲學

　　我們在上節已經提過，祈克果和尼采，對雅士培關於哲學的看
法產生了很大的影響。當我們讀雅士培的著作時，很多時會覺得他
的思想不夠嚴格，常常滑來滑去，不易看出他中心究竟想說什麼，
且有不少地方只說出「是這樣子的」而沒有說出「為什麼會是這樣
子的」。在這時候，我們最好不要立刻認定他的形上學只是一些瑣
碎、專斷、缺少充分理由的產物。此時我們宜對他的哲學作一種
「同情的了解」（sympathetic understanding）。我們得知道，雅士
培的哲學可說是一種「態度的哲學」（attitude philosophy），而非
一種「學說的哲學」（doctrinal philosophy）。他與馬色爾一樣，皆
認為他們的哲學是一種呼喚，而不是一種學說。

　　通過雅士培在 *The Perennial Scope of philosophy* 一書所說的一
番話，我們當可看出他的哲學態度是怎樣的一種態度了。他說：
「人不能由其他事物推導出來，反之，他直接就是所有事物之
本……所有經驗的因果和生物的發展歷程，看來是適用於人的物質

體的，但卻不適用於人的自己⋯⋯每一種對人的看法，如果被絕對
化、被代進那些將人看作整全〔即再無發展餘地〕的假設和知識
中，那麼，人的自由就會被破壞了。」[5]雅士培認為，實徵論的錯
誤，在於這種學說以為自然科學是無所不包的。另一方面，唯心論
也有「一面倒」的缺點。但如果它們（唯心論和實徵論）肯承認自
己的限制，承認自己的看法只是部分真理而非全部真理的話，那
麼，在一種更廣含的綜合中，二者即各有其一定的地位。

於是，在雅士培看來，除非某種哲學學說自以為夠澈底和窮
盡一切，否則，沒有任何哲學學說會是完全假的，具體點說就是：
任何哲學學說都各有一定的位置，都各有一定程度的真實性。雅
士培相信，哲學實含容著各種對立的觀點，最終則要在二律背反
（antinomies）中表現自己。

在雅士培的哲學中，真實的自己與不真實的自己、理性與實
存、作為存有本身的象限與我們所是的象限、科學和哲學、等等種
種，都是二元的說法，且沒有任何一個概念能夠單獨說明一切，甚
至，「實在」根本是不能由概念恰當地描述盡的（見以下各節的說
明）。每一個眼界或視域都有一定的限制，並沒有什麼「最後的哲
學觀」可言。既然如此，那麼，哲學的任務何在呢？

在〈當前哲學的任務〉（The Task of Philosophy Today）中，
雅士培表示：「哲學對抗那種對絕對知識的要求，承擔起『保持個
人的思想仍為活生生』的任務，並因而保持了個人的人格，這種個

---

[5]　Jaspers, The Perennial Scope of Philosophy (London 1950), p.61.

人的人格若在全體化的改造下是會消失淨盡的。」[6]

　　雅士培認為，由祈克果和尼采開出來的存在哲學，最後承起上述那種哲學的真正任務。他指出，存在哲學並不在於認知對象，而在於將思想家自己的存有展明和落實。哲學不是科學的一個變種，哲學的使命不是向人提供知識，反之，哲學像神話和詩一樣，將所有自然對象都看作「意符」（ciphers），即是說，將之看作一套符號，這套符號是神的語言。雅士培認為，哲學家的身份和聖者其實沒有多大的分別（因此，他在《大哲學家》（*The Great Philosophers*）一書中，將孔子、釋迦、蘇格拉底、耶穌等人一併列入討論。）哲學家的使命，是協助一般人去了解「意符」這種語言。不過，如果我們就此以為哲學家對這種語言的解釋是永遠有效的，或者以為哲學家能夠向我們提供一種完全可靠的方法來解釋該種語言，那麼，我們是誤會了哲學的真正性質了。這是因為，在雅士培看來，沒有一種哲學可以稱得上是絕對完備的。

　　此外，哲學也沒有進步可言，我們不能說後來的哲學多數會較先前的哲學為佳，這即是說，在哲學史上，不見得後來的哲學對「意符」的解釋常較先前的哲學底解釋為佳，因為，哲學家在本質上是無法從他們的前人處學得什麼的。（基於這個看法，雅士培在寫他的《大哲學家》一書時，就不考慮各哲學家實際上的年代先後；例如康德，在第一冊中被討論到，而笛卡兒和休謨反在第三冊中才被論述。）

---

[6]　Jaspers, The Task of Philosophy To-day (German Opinion on Problems of Today. No. IV/1964), p.41.

　　雅士培對哲學的看法，還有一點是值得提出來討論的。有些人指出，雅士培本人的哲學含有循環、甚至自相矛盾的地方。例如麥因泰爾（Mac ntyre）就這麼說：「雅士培顯然相信哲學最終要在二律背反中，在對立的看法中，表達它自己。他欣賞尼采，正是因為尼采思想中那種矛盾的特性。像其他的存在主義者一樣，他極端忽略了思想的形式層面……並因而認識不到：容許矛盾進到一個系統中，就等於根本容許任何的說法。也許部分是為了這個理由，以致雅士培對文化問題的解答是這麼內容空洞。」[7]但在雅士培本人，卻是不介意別人指責他底哲學含有循環和自相矛盾之處的。他表示，循環和自相矛盾是形上學所不可能避免者。一種哲學，如果一定要除去循環和自相矛盾的話，結果反會令得自己成為浮淺、空洞。對哲學來說，問題不在於它是不是循環和自相矛盾，而在於它的循環和自相矛盾是不是「有意義」（significant）。例如，實存和超越者（見以下第六和第七節）之間的循環，就是有意義的，因為，如果沒有了這種循環，則超越者就變得空洞，成為一個不可知者，跟「虛無」再無分別，而實存也會變得貧乏、不重要。簡言之，實存和超越者之間，需有一個互相依賴的循環，因為兩者皆不能單獨地挺立起來。[8]

[7]　　A. MacIntyre, "Existentialism," in D.J. O'Connor (ed.), A Critical History of Western Philosophy (Glencoe, 1964), pp.515-516.

[8]　　Cf. Jaspers, Reason and Existenz (London, 1956), Lenture I; Jaspers, Way to Wisdom (New Haven, 1954), chs.I & II; J. Passmore, A Hundred Years of Philososhy, 2nd, ed. (Penguin, 1968), Ch.19; Blackham, op. cit., Ch. III.

四、真實的自己

討論過雅士培對哲學的看法後，現在我們開始述說他的哲學主張。[9]

在還沒有成為哲學家之前，雅士培原是一個精神病理學家。但後來他發覺到，對於人的自我，精神病理學並不能給以完滿澈底的解釋。他發覺，經驗的自己，只是由種族的遺傳、身體的結構、社會環境的模鑄等因子所造成，這種自己是不真實的（unauthentic），它的存在只是「在那裏」而已，我們可以通過客觀的科學探討來發現它「在那裏」，以及描述它「是怎樣的」。

但當我們遇到例如怖慄、受苦、死亡、等等的「極限情境」（ultimate situation），而面臨抉擇的時候，我們即會體認到這種不真實的自己是如何脆弱、體認到經驗的存在是如何的不可靠了。這時，那個不在空間中「這裏或那裏」的「真實的自己」（authentic self），就會迫現而出了。真實的自己不能經由科學來發現，它根本就不是空間性的存在，它的「行動」是通過經驗上的不真實的自己而實現的，它是一種純粹的可能；一個人要成為什麼，即由它來抉擇。一般的科學家都受他們所研究的題材限制著，他們的世界亦因而無法超出經驗的領域；但其實對於真實的自己來說，對世界怎樣解釋乃是一種自由的決定，這個世界（包括不真實的自己）只是一套有待解釋的意符，只是真實的自己由此超越的起點。真實的自

9 Cf. Jaspers, Reason and Existenz, 5 Chs; Passmore, loc. cit; F.N. Magill (ed.), Masterpieces of World Philosophy (London, 1963), pp.1004-1010; MacIntyre, loc. cit., pp.515-516; Blackham, op. cit., pp.43-65.

己不屬於經驗界，因此它亦不受經驗界的限制。總而言之，真實的自己是一個人的真正自己，它超越於不真實的自己（經驗的自己）之上。（但在現代的社會中，一般人卻趨向將自己完全等同於不真實的自己，以為真正的自己就等於那個經驗的自己。在雅士培看來，這是人喪失真正自己的一大危機。）

五、象限（一）：
經驗存在，意識本身，精神

要把握到真正的自己，我們就要把握自己的實存。要認識雅士培對實存的看法，我們最好先通過他對「象限」（emcompassing）的說法來了解。實存與象限之間有什麼關係呢？雅士培指出，實存是象限的「神髓」和基礎。在《理性和實存》一書中，他有一番話直接可以使我們知道所謂「象限」是什麼：

> 為著要看見什麼是真的和實在的，為著要看見那些不為任何特定事物所圍、不為任何特定氣氛所染色的東西，我們一定要衝入「可能」底最大限度之內。於是，我們就會有這樣的經驗：每一樣對我們來說是對象的東西，即使它是最偉大的，它仍然常會為另一樣東西所包含，而不能就是一切。無論我們達到什麼地步，那種包含著我們所達到的東西的眼界（視域），總會擴張到更遠之處，而迫得我們放棄最後的停息。我們把捉不到能夠探測封閉的整個存有之立足點，即使這種立足點所生的結果——藉此而全部存有能夠間接地得到

的結果——我們也是無法把捉到。

我們常是在一定的眼界之內而生存、而思想的。但是，「它是一個眼界」這事實本身，卻指出了有某種「進一步更將所有的眼界亦包圍著」的東西。關於象限的問題，就是由這種情況而起的。象限並不是一種「在其中每一種確定的存有和真理的模態都對我們湧現」的眼界，而寧可說是這樣的一種東西：在它之內，每一個特定的眼界都像在某種絕對地廣包的東西之內被封閉了，它完全不再像眼界一樣為可見的。[10]

通過這段引文，我們可以看出，象限是超出任何確定存有底眼界（即範圍或視域）之外的。象限的一些模態有點像康德哲學中的物自體，存於現象背後，永不以一種確定的知識對象之姿態出現。作為最高實在的指標，象限是不能客觀地被知的。因此，它成了一種極限，一種人類概念範疇的眼界極限。在概念的架構內，我們無法遇到象限。我們只有在哲學的信仰和存在的抉擇中遇見之。雅士培所說的象限有兩種基本的模態。第一種是「作為存有本身的象限」（Encompassing as Being-in-Itself），第二種是自我，即「我們自己所是的象限」（Encompassing which-we-are）。就其為存有本身而言，象限將我們包容著，我們只是它的一個部份。另一方面，就「我們就是象限」這點來說，象限卻是我們作為形而上的存有的一面。從常識的觀點看，這樣的說法是說不通的，但我們得知道，雅士培的象限，根本就不是經驗中的「東西」，而可以說是我們對象

10　Jaspers, Reason and Existenz, pp.51-52.

界作「存在的了解」時的「理念」。

「自我」或「我們自己所是的象限」，又可再細分為三種不同的模態：[11]

(1) 經驗存在（empirical existence）；

(2) 意識本身（consciousness as such）；

(3) 精神（spirit）。

經驗存在將我們顯現為一種對象，由此我們可以成為科學考察的材料。例如在生物學、心理學、生理學、社會學、人類學等等學科的觀點下，人都是對象，是研究的題材。當我們作為這種模態的存有時，我們的「存在自由」是未能凸顯出來的，我們只是將自己看作一個對象，一個處於其他很多對象之間的對象；我們只是在生物科學和社會科學的人為規劃下的一些項目而已。

第二種模態是意識本身，在意識本身這種存有模態中，我們可以通過觀念或概念來了解自己，而不限於對象性的了解。意識可以分為兩種，一種與經驗的實在（empirical realities）有不可分的關聯，這種意識可說是在經驗的生命歷程中一個一個特定的心理單位，它們彼此之間是孤立的、可分的。但無論如何，我們並不只是一個一個特定的、孤立可分的經驗意識，在另一方面，我們彼此之間有相似之處，第二種意識即由此顯露出來。雅士培所說的「意識本身」，就是這第二種意識。這種意識表示出人和觀念世界之間的關係，正如經驗存在表示出人和經驗世界之間的關係一樣。觀念是永恆而且是超時間的，因此我們可以在這種超時間的永恆性中

---

[11] Ibid., pp.54-59.

了解自己。如果我們只是經驗的意識，我們就沒有統一性，而只是分崩離析的個別的實在。但雅士培指出，意識本身（不同上述的經驗意識）實是我們存有的一種模態，從「作為意識本身」這種模態的存有來看，我們即不為個別的實在所限，而能夠進入人性（humanities）的普遍而超時間的本質中。（在這方面雅士培多少受了柏拉圖的影響。）

　　第三種模態是精神。精神表示對完全性和統體性的祈望。普遍而超時間的觀念，對精神有一種吸引，因為這種觀念會令得事物清晰和有聯繫。精神即要將個別的存在聯繫起來，令得個別的存在成為統體的分子。雅士培所說的這種精神，可說是經驗存在和意識本身的一個綜合（synthesis）。但這種綜合的精神跟黑格爾所說的精神不同。在黑格爾，精神驅向它自己的「完滿境」（completion）。但雅士培所提出的精神卻非如此，這種精神綜合永無「完滿境」，它永遠向前發展著，永遠不會有一個終止的時候。一方面，精神本身與普遍而抽象的意識本身不同，它跟個別的經驗存在有密切的關係，那就是精神所根深蒂固地具有的時間性。這種精神是永不止息的活動，是永不止息的奮進，它永不止息地向前超出現有和既有。但另一方面，精神本身跟經驗存在亦有不同的地方，經驗存在限制於物質和生物生命的個別性中，因此它是可被決定的對象。當我們作為經驗存在時，我們是彼此分裂的，我們會成為科學考察的對象。而只將人看為科學考察的對象，從雅士培的哲學立場看，是可怕的。前面已經提過，雅士培認為，現代社會的危機，即在於我們趨向將自己等同於經驗的不真實的自己。但精神本身則不然，它不能夠被客觀化，對它作任何的經驗考察最終都是

徒然的。我們無法將精神本身作為一種自然對象來研究。

六、象限（二）：世界與超越者

　　以上所說的經驗存在、意識本身、及精神，都是自我（或「我們所是的象限」）的不同模態，而自我又是象限的兩種基本模態之一。象限的另一基本模態是「存有本身」。「自我」與「存有本身」之間的關係，有些像康德哲學中的現象與物自身之間的關係。我們覺得存有本身乃是一種極限的標記，是我們可能追問的最後的東西。它不是我們所造出來的，也不是我們為方便而設的一種解釋，更不是一個對象。它是自己有的，它帶著我們的追問向前，令得我們的追問永無止境。我們是通過自我而達到存有本身的。存有本身永不是一種可知的實體。只有通過自我，它才多少呈現出來，而這種呈現是作為一種極限而呈現的。存有本身之作為一種極限，又表現為兩層模式：

　　(1) 世界；

　　(2) 超越者。

雅士培說：「存有本身是這樣的：它對〔我們的〕探究展示出無量數的現象〔或樣子〕，但它自己卻常退隱起來，而只是間接地顯現它自己為固定的經驗存在，這種經驗存在是我們在經驗的進展中面臨的，且是所有〔經驗的〕特殊性中的歷程規則。我們稱此為世界。」[12] 由此可見，雅士培所說的世界，意指無窮的現象視域，這

---

[12]　Ibid., p.60.

種視域常是退隱的，只有在間接的情況下，在特殊的現象和經驗的存在中呈現自己，但無論它那一方面都永不會「全部地」呈現。經驗的探究永不能把捉到它，它在經驗探究之前常宛若而不定。（在雅士培的哲學中，「世界」並不取一般意義，它既不指自然現象之全，也不指包含自然對象的空時連續區體。簡單地說，它指我們剛說的那種「視域」。）

　　自我在世界的經驗中有其極限，此外，在超越者中亦有。「超越者」可說是雅士培用來代替一般所謂「上帝」的擬用名稱。很多哲學家通過聖經所描述的上帝來了解超越者，但雅士培表示，正如我們不能恰當地說「知道」我們的實存是基於什麼而有的一樣，我們也不能恰當地說「知道」上帝具有這種或那種性質內容。世界可以間接地呈現它自己，但超越者則是完完全全地隱藏的。它越出所有的世界觀，它全然不可知、不可界定，我們只有通過哲學的信仰（philosophical faith）來存在地設定它。雅士培指出，超越自我的另一個限界是超越者，它不向任何探究的經驗而呈現，即使間接地也不呈現。

　　在前面的引言中我們已經說過，康德是對雅士培影響最大的前人中的一位。通過上述關於象限的討論，現在我們可以看出，康德哲學中的三個理念：靈魂、世界、上帝，到了雅士培的哲學中即轉為三個象限：自我、世界、超越者。雅士培認為，任何可知的事物，都是在一定的象限內被知的。「世界」是第一個象限；「自我」是我自己的象限；「超越者」則是象限的象限，或稱為「總象限」。

七、實存與理性

象限的根基在實存，象限的限制則在理性。雅士培認為，理性與實存對人是同等重要的。如何調和理性與含有非理性成份的實存，是雅士培哲學中一個基本的問題。雅士培非常欣賞康德，在他看來康德是「無可比擬的」。[13]康德曾說：「思想無內容〔由直覺而得者〕則空，直覺無概念〔由思想而得者〕則盲。」[14]同樣，我們可以譬喻地說雅士培所謂的理性與實存之間的關係：「理性無實存則空，實存無理性則盲。」

實存作為各種象限模態的根基，它自己則不是任一種模態，而是令得每一模態的意義實現者。在實存中，我們臨到自我的神秘黑淵。通過實存，我們即可了解雅士培哲學中的真正自己的意義。實存含有非理性的成份，因此，在意識本身的面前，它是不可通透的。意識本身跟普遍的觀念常有關連，但實存則永不能被通過觀念來把握，它從不會成為完全可理解的，因為，它不是任何科學的對象，我們只有藉著具體的說明（而不是科學上抽象的說明）來把握它。正如它無法被意識本身把握到一樣，實存亦不能被精神將它當作總體或總體的一部分把握到。實存是歷史性的個體，個體的獨一過去及獨一將來都是由他的實存來決定的。雅士培表示，實存就是個體作出決定之所以可能的根據，用另一種方式說，實存就是抉擇的可能性。作為實存的個體，一方面常向著將來奔進，一方面則擔

13　I.M. Bochenski, Contemporary European Philosophy (California, 1965), p.186.

14　I. Kant, Critique of Pure Reason, tran., N.K. Smith (abridged ed., New York, 1958), p.61.

負著在生命中作出的每一個決定。這個事實，構成了個體的「歷史性」（historicity）。由此可見，雅士培所說的實存，是令得個體之所以為個體的關鍵。他指出，實存是不可替代的，它（其實可說是「他」）永不可能被化約或還原為一個類的分子，它之為個體，並不同於那種簡單的經驗存在物之為個體，它是歷史性的個體，它是獨一的（每一個人都是獨一無二的，在存在主義的看法下，人不應被視作無關緊要的「螺釘」），它是抉擇的可能性，它是自由的。人的真正自己，就是能夠自由地成為什麼什麼的那種實存。

　　以上討論過雅士培有關實存的說法。現在我們看他怎樣了解「理性」。

　　對於理性，雅士培極端重視。在存在主義的各大家中，他是最傾向理性哲學的一個。到了 1950 年，他且作了一個令人吃驚的表示：他要放棄「存在哲學家」的銜頭而要做一個「理性哲學家」了。他宣稱，稱他的哲學為「理性的哲學」較佳於稱之為「存在主義」（這大概是他為了反對沙特而有的一舉）。關於理性，雅士培有些什麼看法呢？在《我們時代中的理性與反理性》（*Reason and Anti-reason in Our Time*）一書中，他曾說：「在普通用語中，理性與理智是同一的。事實上它〔理性〕沒有理智是不行的，但它卻超過理智。」[15]理性恆在進行之中，當它得到一定的位置之後，它又會批評該位置。因此，對那種不求進展的固定觀念，理性會站在反對的一方，「理性沒有確保的固定性」。[16]這樣了解「理性」，將

---

[15]　Jaspers, Reason and Anti-reason in Our Time (London, 1952), p.38.

[16]　Ibid., p.39.

理性從「理解」方面嚴分出來，其實已接近德國的哲學傳統。英國的哲學家大致上稱理解為「理性的思想」（rational thinking），這種「理解」，在雅士培看來，是消極的、虛無的，因為它的作用只在分解和區別。但理性則不然，理性的作用是綜合。理性不許我們滿足於特定的、限制的知識（如科學知識），它鼓舞我們向「超越的態度」方面邁進，向「世界全體」的概念邁進。

雅士培認為，理性是象限的束縛。如果沒有理性，象限的各種模態即支離破碎，沒有內部的關連。理性將各模態連合起來，令得它們免於支離。因此，理性與實存，即成為存有（being）的兩支柱，它們一方面透入所有模態之中，另一方面又不會在任一模態之中留駐。當雅士培用理性來對照實存，照明實存的意義時，他所說的「理性」，並不等於一般所謂清晰客觀的思想。如果理性只有這個一般的意義，那麼，它跟意識本身即無甚分別了。在雅士培的哲學中，理性不但能夠把握普遍有效者，且亦能夠觸及非理性者，將非理性的東西展現出來，照明它的存在意義。一方面，理性向著統一、普遍、秩序、規律等邁進，但另一方面，它又同時留駐在實存的可能性中。

依此，我們可看出，雅士培所說的理性與實存之間具有這樣的關係：沒有實存，則理性是空的，終會落到一種空洞的理智主義上；沒有理性，則實存是盲的，只是一種不息的衝動以及無理的掙扎。簡言之，理性與實存是「不可分的」，當其一消失時，另一亦同時消失。由此觀之，理性與含有非理性成分的實存，二者其實像好友而非敵人，它們互相發展，通過這種發展，它們可以同樣得到清晰和實在。所以雅士培說：「只有通過理性，實存才可成為清

晰：只有通過實存，理性才可具有內容。」[17]

八、交　通

通過以上幾節所述，我們知道，在雅士培的哲學中，實存為各模態的根基，理性為各模態的限制（或束縛）。這是「哲學的真理」（philosophical truth）所顯示出來的。這種「哲學的真理」我們怎樣可以得到呢？雅士培認為，在一定的交通（communication）之中，我們可以把握到這種真理。「交通」一詞，在這裏的意思指覺悟到有他人的存在。我們可以想像，如果整個宇宙一無他物，那麼自我亦就不會呈現。雅士培即認為，人只有通過其他人，在其他人之中，才是存在的。沒有人在孤立中能夠成全自己的人性。簡單地說，只有在交通之中，我才是存在的。藉著互相依靠、藉著互相了解，我們才能夠體悟到自己的實存之真。真理是可交通的，離開可交通性，沒有真理可言。在哲學中，交通是極重要的一部分。雅士培指出，在孤離中我們不能進行哲學思考，哲學思考要在交通中才能夠進行。當我們進行哲學思考時，我們要作為一個面對他人的人，向著一個絕對獨一的個人說話。雅士培表示，這是一個基本的出發點。在他看來，沒有交通，哲學思考是不可能的；在交通中，哲學真理才能夠有其真實性，而不只是空想。

在交通中顯的真理，依雅士培所言，相應於「自我」這象限的三個模態而有不同意義的三種：

---

[17]　Jaspers, Reason and Existenz, p.67.

在經驗存在這種模態中的真理，是相對而非絕對的，是變化而非恆常的。為什麼呢？這是因為：經驗存在的本身，即常在一種變化的歷程中。現在是經驗地真的東西，將來可能是經驗地假的，換言之，我們的處境是會改變的。所有經驗的真理都基於某種環境，以及基於在該環境中人們的觀點。正如環境（或處境、情境）常有改變，經驗的真理亦如是。

在「意識本身」的交通中，真之為真乃由於它有邏輯的一致性，以及有扣緊的證據。在這個層面，我們肯定或否定某事項是否普遍有效，是基於邏輯範疇的。在經驗的實在中，真理是相對、有變化的，這是因為個體的存在有時間的限制，在這種性質中，個體與個體之間並沒有一致性。但在意識本身中的真理與在經驗實在中的真理不同，在意識本身中，有一個自我同一的意識，這個意識可作普遍有效的真理底根據。

雅士培指出，精神與精神間的交通，須要參與一種交共的本體（substance）才為可能。一個精神要有意義，一定要跟整體發生關係，而這個精神則是該整體的一部份。在這層面的交通，因而成為分子與由那些分子構成的機體組織（organism）之間的交通。於是，雖然一個精神與另一個精神互異，但在他們之間仍有一種共同的一致（這是就那個統括他們的組織而言的）。精神之間的交通，只有當他們體認到這種一致性時才能成立。在精神的這種交共性中，真理即為全部的投入或完全的確信。

總括地說，實效性、邏輯的普遍可接受性、和完全的確信，就是表現於「自我」這個象限中的真理之三種意義。

除了上述的交通外，雅士培指出，還有實存（人的真正自我）

方面的交通與理性方面的交通。

實存之間的交通（存在的交通），既不是相對而有變化的個體之間的交通，也不是同一的、可被替代的意識之間的交通，而是不能替代的個人與個人之間的交通。實存的交共性跟精神的交共性亦不同。精神所追求的，是在廣包的羣性本體中的安全。但實存卻體認到存有中無可避免的破碎，承擔起無可避免的奮鬥，且面對超越者而開放自己。在存在的交通中，自我始完全覺悟到他是有歷史性、獨一性、及具有自由和共通性的存有。

存在的交通是一種啟示的歷程，同時是對真正自己的一種體認。在這種歷程和體認中，一個人的自己和其他人的自己乃得以互相成全。存在的交通是一種「愛的奮鬥」（loving struggle），這種奮鬥與一般的奮鬥不同。這種奮鬥既不追求支配對方，亦不志在壓倒對方，它是雙方面俱為對方打算。雅士培認為，雖然愛的本身不就等於交通，但卻是交通的泉源。當沒有存在的交通時，究竟有沒有愛即值得懷疑。這種交通一天存在，愛的奮鬥即一天不會止息。究竟它的最終目的何在，卻是不可知的。

如前述，理性是象限的各模式的一種限制。除了這種任務之外，在交通方面，理性亦負有重要的任務。理性尋求交通中的統一性。不過它這種任務，是消極地表現出來的。理性展示出每一模式的交通都有一定的限度，從而限制任一模式的絕對化，展示出沒有任何一個特定的模式能夠全部表現存有。

雅士培指出，第一，當經驗的存在被絕對化之後，人之所以為人的地方即因而失落了，人被化約成物質的一種特例，他的生命只是生物中的生命，他的本質只是可知的規律，他的神秘不可測的自

己亦被淹沒了。這時他不是通過其人性而是通過其動物性而被了解的。第二，當意識本身被絕對化之後，人的經驗實在即會解體，不再有經驗的實在，而只有非時間性的真理。在這種情況中，人亦不能認識到精神的生命，結果只能見到一種空洞的理智主義。第三，當精神被絕對化之後，文化即會呆滯，在這種呆滯的文化中，理智活動和創造活動都被犧牲了，最後只剩下一種精神的交共本體。

　　雅士培所謂的「交通」，其意思跟一般所說的「交通」不同，他的「交通」，不像柏拉圖式的對話，不是二元或二元以上的交互行為，而是一元的或單向的一種宣述。也許用「宣述」來形容雅士培的「交通」是過份一點，但他自己也表示過，他的「交通」就是一種喚醒。他認為，在哲學討論中，歸根結底，我們所能做到的，頂多就是將自己的內在傾向、要求、抉擇、及個人的見解表達出來，並在他人不明白時加以進一步的解釋、回覆。雅士培這種看法，近於歐陸哲學的傳統，由此我們亦可看出現代的英美哲學家跟歐陸哲學家之間何以不能真正交通的原因是什麼——對於「交通」，英美哲學家與歐陸哲學家根本就持有不同的概念。對歐陸哲學家來說，交通就是表達自己的見解，可以容許對方發問題，但卻不能容許對方提出批評。但對於英美哲學家來說，所謂交通，就是投入一個批評性的討論中。從英美分析家的立場看，雅士培所謂「交通」，根本就不是真正的交通，因為他的哲學路數在本質上已將交通（英美方面的意思）的可能性排除掉，令得對方無從批評（而不是令得對方認為他無懈可擊）。他們會認為，雅士培的「交通」其實不是理性的討論，而只是一種情感的關係，他所交通的內容，是不能通過客觀檢試的。

以分析哲學的立場來批評雅士培的「交通」，究竟能不能成立呢？從分析哲學的進路究竟能不能了解雅士培所說的交通的意義呢？雅士培如果一直以他這種哲學方式來對分析哲學家「交通」，究竟能不能成功呢？這些問題，我們不在本節小小的篇幅內討論了，以上一段的目的，僅在於給讀者指出，何以用一般的眼光看時，雅士培對「交通」的說法會顯得有點古怪，並指出在歐陸哲學的傳統與英美哲學的傳統之間，對於「交通」根本就存在著兩種不同的態度。

九、論科學

不少存在主義者只是由於根本不認識科學而對科學持一種輕視的態度，以為科學就等於科技（technology）。但雅士培不如此。他對科學的性質有相當內行的認識。他曾經表示過，任何哲學家，如果沒有在某門科學上有一定的訓練，或不能保持對科學的興趣，那麼他終會陷於混亂之中。不過，雅士培同時又表示，以為科學和哲學是同一的，或者是可以同一的，這種「以為」實在是一項重大的錯誤，例如以前的笛卡兒，或現代的胡賽爾，就都犯了這種錯誤。雅士培特別反對佛洛依特（S. Freud）和馬克思，也是因為他們混淆了科學和哲學，提出了一種世界觀，卻又用一件科學的外衣來將之掩蓋住。以下我們簡述雅士培對科學底性質、及其與哲學之間的關係的看法。

「方法的、扣緊的、且普遍地有效的」，雅士培認為這是科學知識的三個基本特徵。所謂科學知識是「方法的」，意思是說，我

們研究的觀點以及題材的範圍，是由我們的方法所規定了的。所謂
科學知識是「扣緊的」，意思是說，我們所能夠科學地理解的真
理，是純理性的證據方面的事，而與個人的看法無關。至於說科學
知識是「普遍地有效的」，則指科學知識之是否扣緊，可以為任何
人所檢證。

雅士培認為：科學不是思想之全部。此外，科學也不等於將概
念作邏輯的整理（因為這是抽象的而非緊貼經驗的工夫）；只有經
驗，才能夠檢試科學假設的真假。在適當而較嚴謹的意義下，「科
學」當指一種發現的工夫（其對象為經驗材料）。為著使這種工夫
的結果更加精確，人們於是運用了數學的語言。

既然科學不是思想的全部，那麼，科學有些什麼限度呢？雅士
培指出，關於事物的科學知識，並不就是關於存有的知識。科學知
識的對象，是個別的事物；科學所指向的，是個別的東西，而非存
有本身。這是科學的第一個限度。此外，科學知識亦無法對生命提
供什麼理想、價值、或方向。再者，科學雖然研究世界的事物，但
卻無法告訴我們其本身的意義究竟是什麼。雅士培指出，由於科學
具有這些限度，以致很多人士覺得失望。這些人士本來期望科學會
供給他們（例如）生命的根據、或無所不包的普遍真理等，但結果
卻發覺：科學無法給他們提供這些東西。

科學有一定限度，說「科學不預設任何事物」，在雅士培看
來，其實是一項不盡不實的口號。第一，科學預設了邏輯規則為有
效。第二，科學預設了其自身為有價值（值得被研究）。第三，何
以要研究某些題材而不研究另外的題材（例如何以要研究太空問題
而不研究歐陸人與英美人的鬍子之平均長度有何不同），在科學本

身來說是沒有充分理由可言的一種選擇；換言之，對題材的選擇，是科學的一項預設。第四，科學預設了我們讓自己被觀念所引導，如果沒有觀念的間架（scheme of ideas）為助，科學即失去中心，失去方向，並且無法再區分重要與多餘、基本與浮面、有意義與無意義、等等。

固然，科學拒絕接受固定的結論，拒絕將自己限於一定的範圍內，拒絕將任何思想看作一種「禁忌」，或拒絕將某些無可避免的結論避而不談。雅士培指出，如果「科學不預設任何事物」這口號的意思是指上述種種「拒絕」的話，那麼，科學當然可以說是不預設任何事物的。但如果提出口號的人士，其意思不限於此，那麼，這口號就不一定能成立了。雅士培指出：事實上，無論如何，總沒有一種無預設的科學。科學的特徵，即在它能認識到此等預設，且以一種自我批評的精神來釐清之。

在成長的過程中，科學常常以一種對抗哲學的姿態出現，避免為玄想的勢力所左右。不過，科學和哲學之間的關係，其實不是一種對立衝突的關係。科學本有一定的限度，它並不能把握真理的全部，在科學所能及的範圍以外，就恰是哲學所要耕耘的地方。由於科學跟哲學的研究對象不同，因此，科學既不能嘉許、亦不能否定哲學的價值。正如某些問題只能由科學來研究而哲學在此是無能為力的一樣，有某些問題則是科學所無法干涉的。一方面，科學可以常常注視著哲學，看看哲學有沒有陷於空想和遊談之中。另一方面，哲學又有指導科學底方向的功能。（科學家只是純粹為知而知地研究某一特定範圍內的題材，至於研究的結果跟人類有何關係、研究什麼才重要，等等的問題，則是科學家不過問的。）總之，科

學並不包括所有的真理，它所包括的，只是理智性的、普遍有效的
精密知識。雅士培指出：真理有一更大的領域，其中的某一部分，
只向哲學的理性展現出來；並且，只有當科學和哲學被嚴格地區別
開來的時候，在它們之間那種不可分離的連繫，纔能夠保存其純
真。

　　以上幾句話，簡括了雅士培對科學和哲學之間的關係底看法。
他不像其他某些存在主義者只因無知而反對科學，反之，他對科學
有相當的了解，且能分清科學跟哲學之間的不同任務，認為兩者各
有其位。不過，無論雅士培對科學有多大的尊重，如果有任何的科
學學說威脅到他那種「以人為宇宙中心」的概念時，他是會不客氣
地否定該種學說的可接受性的。[18]

---

[18]　Jaspers, The Idea of the University, ed. K.W. Deutsch (Boston, 1959), pp.5-29;
　　　Jaspers, "Philosophy and Science," reprinted in Way to Wisdom, pp.147-167.

第十章 存在主義的方法基礎：胡賽爾的現象學

一、概　述

　　當代的歐陸哲學除了存在主義之外，要數現象學（Phenomenology）為最大的哲學流派。

　　存在主義與現象學之間，有非常密切的關係。一方面，現象學者（例如史派格堡〔H. Spiegelberg〕）多將海德格、沙特、馬色爾等看作他們的同道中人[1]，現象學最重要的代表胡賽爾（E. Husserl）亦表示過雅士培與他有緊密的連繫。[2]另一方面，海德格、沙特等當代存在主義的大師都承認他們的哲學所用的方法，就是現象學的方法；例如沙特的代表作《存有與虛無》，即以〈一篇關於現象學的本體論的論文〉為它的副題，海德格的《存有與時間》一書，也有對現象學的重要探討（見 pp.49 ff.），馬勞龐蒂甚

---

[1] H. Spiegelbery, The Phenomenological Movement, 2 vols. (2nd ed., the Hague, 1965).

[2] Ibid., vol. I. p.4.

至以一部《知覺的現象學》為代表作，此外如雅士培、馬色爾等大師的哲學，都顯出與現象學有極密切的關係。

究竟現象學是什麼呢？

我們在以後的幾節將會較詳細地討論現象學，現在只給這種哲學作一極簡略的勾劃。第一、現象學是一種描述現象的方法，而所謂現象，就是直接的「所與」（given）。第二、現象學所要描述的對象是本質，所謂本質，是現象方面理想的知性內容，是通過一種直覺而被直接地把握到的。現象學的宗師是胡賽爾，要認識現象學，最佳的途徑是通過胡賽爾的哲學去了解它。

胡賽爾的哲學，目的是對一切不建基於直接經驗的哲學系統提出一個徹底的批判，並給所有科學提供一個最堅固的基礎。

雖然胡賽爾重視經驗，但所謂「建基於直接經驗」，他的意思著重在直接經驗的本質方面，認為對本質的直觀是任何科學或哲學的理論基礎。對經驗論之企圖從個別的經驗導出（derive）所有的原理或律則，胡賽爾反而站在反對的一方，他表示，「一切知識皆基於經驗」這句話本身，卻不是經驗所能導出的，它是一句關於所有可能經驗的命題，其本身則是「非經驗的」。至於向來與經驗論相反的觀念論，在胡賽爾看來也不能成立。他指出，經驗是自己呈現的，以它自己的方式呈現於我們之前，沒有任何一套觀念的原則可以規定經驗一定得如何如何存在。

那麼胡賽爾自己又有怎樣的一個看法呢？

他認為，不論什麼哲學系統或科學系統，必須建基於直接經驗才能夠有絕對的確實性。因此，他要分析任何可能的直接經驗的一般結構（或本質）。現在的問題是：這項工作如何能夠實際進行。

胡賽爾指出，通過直觀（intuition，或譯為「直覺」），我們即可能直接地「看見」經驗的本質。例如某甲對某乙說：

「你今天好嗎？」

這句話的物理存在是由一串音響構成的，但整個「交通情境」卻不只是一串音響：甲、乙兩人之能夠交通，必先明白那些音響的意義，意義不是特殊的（個別的）物理存在，而是普遍的本質，此本質可通過直觀而為我們所理解或「看見」。

這樣看來，所謂現象學豈非簡單不過嗎？誰人沒有直覺、誰人不會直觀呢？

事實上現象學並不這麼簡單。雖說我們可以藉著直覺來把握直接經驗的本質，但問題在我們如何能夠達到直接的經驗，如何能夠以直接經驗為出發點以直觀其本質。依胡賽爾之意，這時我們首先要做的，是令得我們的經驗「純粹」（pure）：跳出所有未經考察的預設，移開現有一切科學或哲學對經驗所作的斷言，這樣才可能將經驗現象還原到它們的基始狀態，我們才可能直接把握經驗的原貌而不受任何人為的思想建構所干擾。

在這裏，胡賽爾效法了笛卡兒的懷疑法，將經驗還原為最確實的「我思」這種「絕對意識」，由是得以隔離人們在科學和哲學上既有的思想建構。「絕對意識」僅僅含有「內在動作」（Immanent acts，「動作」在這裏指思想的動作而不是身體的動作），內在動作所指向的對象，本身就是意識的一種模態，換言之，絕對意識是一種指向意識的超越意識。胡賽爾即以絕對意識為重建一切知識系統的出發點，由此而世界得以在純粹的意識之前直接展現它自己的

原貌。[3]

　　胡賽爾是德國人。他雖然生於 1859 年而卒於 1938 年，但至今仍是一個「最現代」的哲學家，且對當前的歐洲思想有極為深廣的影響。早年他學習的是數學，曾助著名的數學家維爾史特拉斯（K. T. Weierstrass）作研究工作。1884 至 1886 年間，在維也納聽了白連坦諾（F. Brentano）的演講而決心專治哲學。他先後曾在哈里（1887-1901）、哥廷根（1901-1916）及佛來堡（1916-1929）等大學任教。據說，胡賽爾對哲學的態度是極為嚴肅專誠的，哲學對於他不僅是一門職業，且更是他的生命之所托。

　　以下所列的是胡賽爾一些重要的哲學著述：

Philosophie der Arithmetik（算術的哲學），1891；

Logische Untersuchungen（邏輯探察），1900-1901；

Ideen zu einer reinen Phaenomenologie（觀念），1913；

Formale und transzendentale Logik（形式的與超越的邏輯），1929；

Meditations Cartesiennes（笛卡兒沉思集），1932。

二、從心理主義到純邏輯

　　胡賽爾的第一本重要著作是《算術的哲學》，在這本書中他要將算術的基本概念從心理學原理中推導出來。這是屬於經驗派的心理主義（Psychologism）的一種看法。但不久胡賽爾放棄了這個計

---

[3]　　Cf. H. Kohl, The Age of Complexity (New York, 1965), pp.26-29.

劃，他的《邏輯探察》的第一卷（Prolegomena to pure logic），主要就是反對那種視「心理學為數學和邏輯之本」的心理主義的。英國的穆勒（J.S. Mill）是心理主義的大家，認為邏輯如果要成為一種科學，則它的理論基礎一定要完全從心理學方面借取過來。現在胡賽爾卻反對這種說法，他表示，心理學的定律其實只是一些歸納的推廣（inductive generalizations），因此，它們可能由於將來的新經驗而有所修正；然而邏輯和數學的原則卻與心理學的定律不同，這類原則是必然的（necessary），即是說，它們「一定」是真的，因此，它們不可能如心理主義者所說的一樣，意思是說，它們不可能是建基於歸納的前提之上的。

從堅持「邏輯律則以及可以由邏輯律則推導出來的基本數學原則俱是必然的」這種看法出發，進一步，胡賽爾要做的工作就是建構一種完全獨立於經驗和心理學前提的「純邏輯」。這種純邏輯既完全獨立於經驗和心理學的前提，因此沒有「將來可能錯誤」的危險。

胡賽爾要建立純邏輯的這個計劃，其實在符號邏輯家的手上早就實行了，而胡賽爾本人亦是一個有嚴格訓練的數學家，因此，看來他可以跟符號邏輯家合拍的。但事實上，胡賽爾卻對新的形式邏輯（符號邏輯或數理邏輯）有很嚴厲的批評。他認為，以康德的批判哲學的觀點來看，這種新邏輯沒有足夠的「批判性」。為什麼說新邏輯不夠批判性呢？依胡賽爾的說法，這是因為這種邏輯並沒有考察它自己的演算「基礎」究竟在什麼地方。充其量，這種邏輯只能夠給我們提供一種特殊的演算系統而已，這即是說，只能夠給我們提供一種特殊的方法來解決一些特殊的問題而已。

　　胡賽爾認為理想的邏輯究竟是要怎樣子的呢？

　　對胡賽爾來說，理想的邏輯就是他所謂的純邏輯，這種純邏輯不像符號邏輯之只能提供特殊的演算系統，它一定要是一種「關於每一種可能的演算」的理論，或者說，是一種「關於每一種可能的推理類型」的理論。胡賽爾對邏輯的理想，很接近十九世紀德國唯心論者洛茲（R.H. Lotze）的看法，洛茲認為邏輯所提供的應是一種思想的理想模型，這種模型是其他每一種學問研究的準則。相似地，胡賽爾亦將純邏輯界定為理想的學說之科學的系統（the scientific system of ideal theories ），此等學說是純粹地建基於基本概念之上的，而那些基本概念，則是所有科學的共同之處，因為它們以最有一般性的方式來決定科學之所以為科學的本質是什麼。由於純邏輯所關涉的，是公共於所有科學的概念，或者說，是含於每一種理性運用之中的概念，因此，這種邏輯不能同一於符號邏輯的純粹運算，亦不能同一於歸納邏輯對經驗科學的程序所作的描述。固然，胡賽爾亦承認符號邏輯和歸納邏輯在一定的層面上也有它們自己的價值，但無論如何，這樣的邏輯卻不能成為邏輯的本部，胡賽爾表示，這是由於它們缺少了應有的確定性和概括性之故。

　　一般的符號邏輯家都認為邏輯所處理的，是語言符號之間的形式關係，但從胡賽爾對邏輯的理想來看，則符號邏輯家的邏輯是不夠批判性的，真正的邏輯（純邏輯）所處理的對象，應為事物的本質。例如，胡賽爾認為，邏輯上的矛盾律所表示的，並不是說兩個互為矛盾的陳述辭不能被表述（expressed）出來，而是說同一個事物不能有互為矛盾的謂語（predicates，意思指屬性）。

　　討論過胡賽爾理想的邏輯是一種什麼樣的邏輯之後，現在的問

題是：胡賽爾認為這種邏輯如何能夠建立起來呢？這個問題的解答線索在胡賽爾對現象學的討論中。胡賽爾認為，要建構真正的純邏輯，須要用到「現象學的方法」（phenomenological method）。在正式討論現象學的內容之前，我們先看看胡爾賽如何駁斥那些與現象學「勢不兩立」的學說，從而見出現象學成立之可能性。

三、現象學成立之可能性

胡賽爾最初將現象學界定為「描述的心理學」（descriptive psychology），他認為這個名稱可以表示出他的學說與他老師白連坦諾的學說之間的歷史淵源，但他同時又指明二者之間實有很大的分別。最主要的分別是：對白連坦諾而言，描述的心理學是一種經驗的研究；但對胡賽爾而言，描述的心理學既不取經驗科學的方法，亦不接受經驗科學的觀點。為什麼呢？此中的關鍵在於：經驗科學的方法和觀點都不可能達到一種獨立於經驗事實的純粹理論，但現象學的目的卻是要得到這樣的一種純粹理論。因此，胡賽爾所謂的「描述心理學」（即現象學），正如法巴（M. Farber）所言，其真正的意思是指一種「描述的知識論」。[4]這種知識論的原意，是去釐清邏輯和數學的基本概念，以及這些概念與思想歷程之間的關係。

法巴說現象學是一種描述的知識論，這還是一種狹義的說法；

---

[4] M. Farber, "Phenomenology", in D.D. Runes (ed.), Living Schools of Philosophy (Iowa, 1956), p.305.

就其廣義而言，現象學的目的在於給哲學提供一種普遍的方法，以及給科學提供一個最終最徹底的基礎。後一意義的現象學，又可稱為「超越的現象學」（transcendental phenomenology）。

基於以上所述，我們可以看出，無論就其狹義抑或就其廣義來說，現象學所求的都是純粹的、非經驗的理論。這樣的理論是否可能呢？從歷史論（historicism）的立場看，或從經驗論（empiricism）的立場看，現象學這種純粹的非經驗的學說都是不能成立的。以下我們討論胡賽爾如何駁斥這兩種說法，在這些駁斥中，「現象學」的意義即自然地顯示了出來。

首先我們看歷史論。歷史論者認為，真理不是一成不變的，所謂一個真理，其實不過是在某一個時期中人們願意相信的東西，事實上並沒有非經驗的、絕對的真理。（由此可見出歷史論為什麼有時也被稱為「文化的相對主義」（cultural relativism）。）依胡賽爾之意，我們可以這樣問歷史論者：「『所有真理都是相對的』這句話本身，是不是非經驗的、絕對地真的呢？如果它是非經驗的、絕對地真的，那就不是所有真理都是經驗的、相對（地真）的；反之，如果這句話不是非經驗的、絕對地真的，那麼結果仍然一樣：並非所有真理都是經驗的、相對（地真的。）胡賽爾指出，在相對主義者否認有絕對真理存在的時候，其實已經預設了有絕對真理的存在，而且，相對主義者在敘述他們的理論時，亦是已經將其理論作為一種絕對真理來處理的。（胡賽爾這種反駁的方式，很像柏拉圖在他的對話錄 Theaetetus 中所運用的。）

現在討論經驗論。從傳統經驗論的觀點看，我們能夠直接知道的，只是一個個特殊的（個別的）存在物，任何關於「普遍」

（universal）的一般性的理論（general theory），如果要跟經驗事實有關連的話，都必須將特殊的存在物一般化，然後該一般性的理論才能夠被建構起來，因此，所謂非經驗的理論，其實只是對特殊的經驗存在物的一種組織。基於這種看法，胡賽爾所謂完全獨立於經驗的純粹理論顯然是不可能的。現在我們看看胡賽爾怎樣駁斥經驗論。

　　英國的休謨（D. Hume）是經驗論一個主要的代表人。胡賽爾指出，當休謨在他的《人類本性論述》（*A Treatise of Human Nature*）一書中對所謂「心智的動作」（mental acts，例如知覺、回憶、想像等）做一種分類時，他並沒有涉及「某些特殊的對象是否存在」這樣的問題。例如，對知覺的描述，休謨說「知覺」是「具有一個印象」，而不說那是「觀察如此如此的物理對象的性質」。「知覺就是具有一個印象」這句話是概括地說的，「知覺就是觀察如此如此的物理對象」這句話則是特定地說。因此，休謨這種概括而非特定的陳述方式，其實已經表現出一種絕對獨立於自然科學的哲學態度了；這即是說，休謨略去實驗和物理的觀察，即表示出他已預設了實驗和物理觀察對他的哲學之能否成立是無關的。依胡賽爾之意，休謨在研究知覺時，他所著重的其實就是知覺動作的本質（essence）。

　　也許有人會提出反對說：「休謨之所以略去實驗和物理觀察，正是由於他不是一個物理學家而是一個哲學的經驗心理學家之故。」但胡賽爾指出，如果我們研究休謨的學說，我們將會發現，他並沒有像一個經驗心理學家一樣去考察個案歷史（case-history），其學說亦沒有將經驗觀察的結果作一比較；事實上，當

休謨考察他自己的心靈（心智）時，他的目的既不是要找尋證據來檢證經驗的推廣，亦不是要對一個特定的心智動作做一個詳細的描述；他的目的只是要「直覺」或「直觀」知覺動作的「本質」而已。胡賽爾認為，休謨有一個形上學的預設，這個預設是說：我們所有的經驗都是特殊的（particular）；但其實這個預設卻與他的哲學方法（對本質作直覺）互為矛盾。實情是，休謨被他自己的預設蒙蔽了，一直以為自己是一個經驗的心理學家，然而以胡賽爾的觀點來看時，休謨對心靈的分析事實上卻用上了純粹的現象學方法。

四、直觀本質

上節所說的，是胡賽爾如何批評與現象學「勢不兩立」的學說。現在我們開始正面討論現象學。

現象學的目的，是要通過所謂「現象學的方法」而給所有的科學（廣義的，包括哲學）提供一個最徹底的、沒有任何預設的基礎。胡賽爾說：「對所有有關連於這自然世界的科學……我都絕不用到它們的標準」。[5]他並認為，任何有資格被稱為「哲學」的學說，一定要從任何形上學的預設中解脫出來，不為任何形上學的立場所左右，這時我們要考察的，是那些實際上呈現於我們面前的本質，或者說，是那些「具有一般性的結構」（general structure）。這樣的工作，就可以被稱是「現象學的」（phenomenological）。胡賽爾即要求對哲學問題的解答取這種不含預設的、純粹的現象學程

5　Husserl, Ideas, §32.

序。依胡賽爾的看法，現象學的工作是邏輯地先於自然科學本部底建構的。

在現象學而言，所謂事物（things），就是所與（given），就是我們在意識中「看見」的對象。這些所與，亦被稱為「現象」（phenomena）。這名稱是因為所與「對我們的意識呈現」而得到的。在現象學中，「現象」這個名稱，並不暗指在現象背後另有一種不可知的東西存在。「究竟有沒有不可知的東西在現象背後存在？」這個問題，並不是現象學所要過問的。對現象學而言，只要從所與開始我們的研究就夠了。至於所與是實在抑或是幻象，卻非現象學要決定的問題，因為，至少這些所與已經是所與，或者說，它們至少已經是「在那裏」（being there）的了。

這些「在那裏」的所與，我們如何考察研究它們呢？胡賽爾通過他的現象學方法來著手。

胡賽爾的現象學方法，既不是形式邏輯的演繹法，亦不同於經驗科學的歸納法，而是一種「直指」（pointing）的方法：直觀所與，從而說明所與（尤著重所與的本質）。我們的直覺確定地直接指向意識的對象，即是說，直觀那些直接對意識呈現的對象。因此，對現象或意識對象的說明，現象學方法並不倚靠什麼定律，亦不藉著什麼原則的演繹來進行。這種直指法，簡言之就是「直指對象」。

如果我們知道了在胡賽爾的哲學中動作（act）與其對象有很大分別的話，我們就不難理解他以上的看法。有些人認為，在純粹幻想的時候，是只有幻想的動作（這是一種思想的動作，而不是身體的動作），而沒有任何對象的。但胡賽爾表示，即使對於純粹的幻

想，我們也要分開幻想和所幻想的不同，或者說，分開幻想的動作和幻想的對象之不同。例如，當一個人幻想一隻半牛半人的怪物時，很明顯地，作為被幻想對象的怪物與作為一種心智動作的幻想本身是很不相同的。同樣地，一個數目（例如 9）、一個圖形（例如三角形），等等，都不是心智的動作，而是對象。（我們要留意：有些人以為胡賽爾是一個柏拉圖主義者，但其實胡賽爾與柏拉圖至少有一點基本的不同：「理念或本質（例如 9、三角形）為實在的」，這命題是柏拉圖哲學為真的必要條件，但卻不是上述胡賽爾的說法為真的必要條件。胡賽爾僅僅將對象視為在意識中呈現者，至於它是否真實，卻可以不再過問。）

不過，雖然就現象學的基本目的說，我們可以不再過問那些對象是否真實，但是，如果我們要把握到真理，我們還是要分辨出作為個體的對象與作為本質的對象之不同。實徵論者即看不出其間的分別，而以為洞見（vision）等於感官知覺。雖然每一個個體都是一個偶然的東西，但即使這樣，胡賽爾表示，這些偶然的東西仍然是具有本質的，以他所用的術語來說，偶然的東西也是具有 pure eidos 的。實徵論者看不到這點，因而他們只見有事實的科學（factual science）。依據胡賽爾，可有兩種科學：事實的科學基於感官經驗，本質的科學則基於直觀或直覺來考察本質（或者說，基於洞見來考察 eidos）。

現象學的哲學就是一種本質的科學；數學和邏輯亦然。這種科學所探究的對象，不是偶然的事實，而是本質的結構。它的工作是通過直觀而對本質描述。我們也可以稱之為「第一哲學」（first philosophy），因為，它要撕掉通常的科學及其他的哲學之中一切

沒有根據的預設。總言之，本質的科學是一切事實的科學之基礎，因為一方面，任何事實的科學都要用到邏輯，而邏輯就是一種本質的科學，另一方面，每一樣事物都具有本質，而本質正是本質的科學依直觀來考察的對象。

五、括弧法（還原）

《邏輯探察》一書，雖然已顯示了一種現象學，但後來胡賽爾更進一步認為，這書的「經驗意味」還是過重。固然，他已經提出了一種反對經驗論的說法，指出本質並不是從經驗而來的推廣（generalization），但無論如何，他所做到的仍是止於讓經驗自己來臨、讓經驗的本來面目呈現，從而描述其中一般性的邏輯特色而已，其實這樣還未足以成立一種普遍的哲學（universal philosophy），普遍的哲學就是能夠給一切科學在方法的修正上提供一種工具者。簡言之，胡賽爾認為他以前的哲學仍是太過「經驗的」，他現在要建立一種「超越的現象學」，要對他的哲學方法提出理由保證（justification）。（在此可見，胡賽爾這種傾向仍屬於德國觀念論的傳統，他要找尋一樣絕對的東西，簡單地說，他要找尋絕對，這個絕對超越了所有的批評，而又為所有知識的基礎。）

胡賽爾怎樣建立這種哲學呢？在這裏，他的著手程序相似於笛卡兒的懷疑法。

笛卡身在他的《沉思集》（*Meditations in the First Philosophy*）中，藉著懷疑來追求最確實的、超出一切虛假可能的哲學基點。這是著名的所謂「方法上的懷疑」。胡賽爾在他的《觀念》一書中，

則有所謂「括弧法」（method of bracketing）。他將一些代表事物的文字置於括弧之內，表示對那些事物的存在不加肯定。他不是真的要懷疑那些事物的存在，而只是不去肯定，具體點說，他是要擱置（而不貿然接受）我們那些只憑習慣而其實未經窮究的自然信仰（natural beliefs）。胡賽爾用了一個希臘字表示這個意思，那個字就是「epoche」，意思是「判斷的擱置」。我們的自然信仰，例如對外在世界的存在、其他心靈的存在等的信仰，一般人都是順理成章地接受的。但胡賽爾卻不然，他要擱置他的判斷，而不肯立即接受這些信仰。固然，他並沒有否定例如「外在世界是存在的」這類的自然信仰，他其實是要隔開（disconnect）我們的自然信仰，不讓它們干擾純哲學的絕對確定性，不讓它們溜進哲學中成為哲學的預設。

胡賽爾這種做法，我們可以看出那是一種方法上的序程，而不是關於任何事物的「學說」。胡賽爾曾經強調地說：「這種對每一樣東西都懷疑的企圖，只應作為一種方法的手段而為我們所用」。[6]

括弧法擱置著所有關於自然科學的判斷，可見它的施用範圍是極為廣泛的。我們可能會有這樣的疑問：「如此廣泛地施用括弧法，留下來的豈不是一無所有了嗎？」

如果實情真是這樣，那麼科學將成為絕對的，因為，所謂「沒有任何東西留下來」的意思即表示說「科學窮盡了一切」。但胡賽爾認為：將一切自然對象（natural objects）都置於括弧之內[7]，留下

6　Ibid., §31.
7　當然這只是象徵地說。

來的並不就是一無所有：我們的意識本身就是一種存有，這種存有的絕對獨一性並不會因括弧法或現象學的隔離手法而受到任何的影響。像笛卡兒一樣，胡賽爾認為有一樣叫做「意識」的東西，這種東西不是自然對象，因為它不是任何自然科學所研究的題材。即使沒有其他東西存在，意識本身還是存在的。（胡賽爾所說的這種意識，是一種形上學的意識，而不是可作為普通經驗心理學的研究題材的經驗意識。我們不可將兩者混淆。）

　　胡賽爾這種說法，表示將所有自然對象都置於括弧內之後，留下來的仍非一無所有，自然科學並非絕對。因此，自然科學之為假，不是不可以想像的，其學說亦不是不需要基礎的。至於與自然科學不同的演繹科學（邏輯和數學），現在我們也對它們擱置判斷；這樣一來，意識的存在會不會因而受到影響呢？雖然演繹科學的本性與自然科學的本性不同，但如果我們對演繹科學擱置判斷，胡賽爾認為，其結果將與我們對自然科學擱置判斷時的結果一樣；意識的存在仍不會因而受到影響。

　　到此階段，我們已經擱置了關於意識的每一個超絕動作（transcendent act）的判斷（如果某一意識動作的對象獨立於該意識動作本身，那麼該意識動作就被稱為「意識的超絕動作」），但我們仍有意識的內在動作（immanent acts）剩留下來（如果某一意識動作的對象包含在該意識動作之內，那麼該意識動作就被稱為「意識的內在動作」）。依胡賽爾之意，有些意識動作能夠具有「本身也是一種意識」（或說是一種「意識模態」）的東西作為它們的對象；換言之，即使每一樣東西（除了意識）都被剔除了，意識的內在動作仍是存在的。因此，這些動作的存在有最基始的確定

性。我們能夠將任何獨立於思想動作（意識動作）的對象想像為不存在，但我們卻無法將自己的意識想像為不存在，因為這樣做本身就是自相矛盾的。用胡賽爾的方式來說，對邏輯、數學等演繹科學的真理，我們仍然可以擱置我們的判斷，但對「我們能夠判斷」這一命題，我們卻不可能擱置判斷。

總結以上所述：胡賽爾的括弧法，目的是將經驗或意識的本來面目還原。這種「還原」（reduction），可以分為不同的幾個層次。第一層可稱為「歷史的擱置判斷」（historical epoche），那是將任何科學和哲學的學說都擺在一邊而暫不加以考慮，因為，現象學要直接把握事物本身，而不在乎別人有如何的看法。第二層可稱為「本質的還原」（eidetic reduction），這種還原是將有關的特殊對象的存在置於括弧內，因為，現象學要探索的是本質。除了本質的還原以外，後來胡賽爾再加一層「超越的還原」（transcendental reduction）。「超越的還原」不但將存在置於括弧內，且對一切與純粹意識沒有連繫的東西作同樣的處置。通過這樣的還原，我們就能夠沒有障礙地直觀自己的純粹意識，以此作為哲學的起點。[8]

六、胡賽爾的哲學發展

我們可藉括弧法達到絕對的意識。以絕對意識為起點，我們能夠再回歸到自然對象的世界；但這時我們所持的觀點是嶄新的：現

---

[8]   Cf. J. Passmore, A Hundred Years of Philosophy (London, 1957), Ch. VIII; I.M. Bochenski, Contemporary European Philosophy (California, 1965) §14; & M. White, The Age of Analysis (New York, 1955), pp.100-104.

在我們是通過「超越的現象學」來考察世界，讓事物自己向我們的意識呈現，而毋須假定任何自然科學的結論。自然科學預設了對象是完全獨立於意識、跟意識無關的，但超越的現象學卻從對象向意識呈現處來考察之。這樣即表示我們僅接受那些不能不接受的東西（對象呈現於我們的意識，而意識又是不可能被想像為不存在的），由是可以保住我們的考察之純粹性與確實性。

《邏輯探察》這部著作的一大特色，是強調對象的客觀性。但後來出版的《觀念》，卻放棄了先前對客觀性的強調，反而轉為著重主體方面的絕對意識。因此有不少原本讚許「《邏輯探察》的胡賽爾」的學者，後來卻反對「《觀念》的胡賽爾」，認為他倒行逆施，從反對觀念論而變為一個觀念論者。對這些評語胡賽爾本人又有什麼表示呢？

依他在《觀念》一書之後出版的著作來看，他坦然承認自己終於站到了德國客觀觀念論傳統的一邊，只是他補充說，他是第一個將觀念論置於科學基礎上的人（這裏所說的「科學」，意思指胡賽爾認為理想的科學，而不就等於自身的基礎還未穩固的、一般所謂的科學）。至於論者又批評胡賽爾以意識作為哲學的出發點就難免逃出唯我論（solipsism）的結局，對這種評語胡賽爾卻不以為然，在 1933 年出版的《笛卡兒的沉思集》一書中，他指出，他的出發點是一般性的意識，而不是一個一個特定的個人底個別的意識。換言之，胡賽爾後期的哲學，就其以主體方面的絕對意識為知識的起點而言，固可被劃歸到觀念論的一邊；但他所指的意識是一般性的意識而不是特定意識，因此不接受唯我論為其結局。

縱觀以上各節的討論，我們可以看見，胡賽爾的思想從早期到

晚期之間，實在經過了不少的轉折。怎樣給這樣的一種哲學發展作一分期，後人有不少相異的提議。依史派格堡，我們可將胡賽爾的哲學發表分成三個階段：[9]

(1) 前現象學階段——這個階段的思想，主要可見於他的《邏輯探察》的第一卷中。胡賽爾最早時曾企圖以心理學來說明數學（這是一種心理主義），但很快就發覺這個計劃不可行。《邏輯探察》的第一卷，即從一種主智論者和客觀論者的觀點提出他對心理主義和相對主義（不是愛恩斯坦的相對論而是知識論上的一種主張）的批評，從而提供一種獨立於心理學的純邏輯基礎。

(2) 作為一種限制的知識論架構的現象學階段——這個階段的思想，主要可見於《哲學探察》的第二卷。此卷以第一卷建立了的原則為基礎來處理邏輯之哲學（philosophy of logic）中的特殊問題。在第二階段，胡賽爾對經驗上互相關連的客觀層面有同對的重視和強調。

(3) 純粹現象學階段——胡賽爾以這種現象學作為哲學和科學的普遍基礎，他最後提出的超越主義（transcendentalism）和現象學的觀念論，就是由純粹現象學而引出的。在這個階段，胡賽爾漸漸從對客觀和主觀的並重轉到偏重主觀方面，視主體為客體之源，認為主體處在經驗心理學之上的一個更高的、超越的層面上。這個時期的思想，以他的《觀念》一書為代表作。在第二階段，現象學被視為一種「第一哲學」，這種哲學對知識問題作普遍的研究。故正如懷爾德等人指出的：「胡賽爾的現象學始於《邏輯探察》而成形

---

[9] Spiegelberg, op. cit., pp.74-76.

於《觀念》」。[10]

　　總括地說，胡賽爾的哲學發展，可說從數學之哲學研究開始，進而構成一種客觀而主智的方法，最後，由應用這種方法來研究意識而構成一種觀念論的超越哲學。

　　胡賽爾從來沒有要提出一個哲學系統，從來沒有要把他的哲學發展成一種玄想的綜合。他只求耐心地、不避艱苦地研究、探察，以解決一些看似微小的，但卻是基本的問題。史派格堡說：「如果胡賽爾的工作可以跟傳統哲學的工作作一比較的話，它就要被稱為一個『逆系統』（system in reverse）：胡賽爾不是向上建築，而是深深地掘，同時要為已經建立起來的識見安排一些徹底地更穩固的基礎。」[11]對哲學工作的這種看法，可以說明胡賽爾的哲學態度所表現的一個特徵：那種由驕傲和謙虛混合而成的特徵；胡賽爾表示，他的「野心」只是要做一個「真正的開創者」（而不是「集大成者」）。

七、現象學的意義論

　　以上幾節討論的，只是胡賽爾哲學最基本的地方。其實胡氏所接觸的問題，其範圍是極為廣濶的。在《觀念》一書的較後部分以及在後於《觀念》而出版的著述中，他曾分別對超越的現象學作更為詳細的說明，對他的批評者提出反駁性的答覆，以及對很多分殊

---

[10]　J.T. Wilde & W. Kimmel (eds.), The Search for Being: Essays from Kierkegaard to Sartre on the Problems of Existence (New York, 1962), p.377.

[11]　Spiegelberg, op. cit., p.75.

的問題做一種現象學的分析。但由於本書每章有一定的預定篇幅，
我們無法在這裏給胡賽爾哲學中較分殊的問題作一個通盤的介紹，
而只能在本節及下一節分別挑選一個問題來討論，以窺其中的一
斑。本節討論胡賽爾對意義的看法，這是他的現象學研究中附帶得
到的一個結果，但在當代的意義哲學（philosophy of meaning）中卻
有其一席位置。下節則討論胡賽爾的科學概念，看他認為現象學對
科學有什麼關係。

　　胡賽爾的意義理論，是從批評經驗論而開始的。他原意要指出
經驗論不能成立，卻由此而得到一個關於意義的看法。

　　雖然從個別事件（particular events）之角度來看，每一個陳述
辭都是某些音調、響度等等的獨一組合（或某些筆跡的獨一組
合），但兩個人卻可能各以這類獨一的陳述辭來意指同一樣的東
西。胡賽爾問，經驗論者如何解釋兩個陳述辭能夠在意義方面是同
一的呢？依經驗論的唯名原則，經驗論者會回答說：所謂兩個陳述
辭的意義同一，其實只在於該兩個陳述辭在某些方面「相似」而
已。但胡賽爾指出，如果我們察看相似性，我們所發現的，不外一
些聲調、響度等方面的相似性而已，即是說，不外該兩個作為某某
個別事件的陳述辭之間的相似性而已，我們總不能從個別事件的相
似而推出意義的同一。換言之，依經驗論原則我們無法解釋為什麼
作為兩個不同的個別事件的陳述辭可以具有同一的意義。

　　胡賽爾指出，其實陳述辭可劃分為兩個不同的方面，一方面是
一個特定的（個別的）事件（詳細點說，是某一特定的人底生命中
的一個特定的事件），另一方面則是說出該陳述辭的人所「意指
的」（that which the person means）。簡言之，陳述辭一方面是特

殊的事件，同時又是普遍的意義。意義是一種性質。要把握一個陳述辭的意義，我們不能只靠陳述辭作為特殊事件的一面；從這方面來比較兩個陳述辭的相似性（例如響度相似），我們永遠無法知道其意義是否同一。對於陳述辭的意義，我們須通過「直覺」來把握。

我們固不可將陳述辭的意義與陳述辭的事件混同，此外，我們亦不可將一個陳述辭的意義與人們理解該陳述辭時的心理經驗視為同一。因為，意義是一種本質，是客觀的；心理經驗則仍屬特殊事件的範疇，是主觀的。

這種客觀的意義，既不等於物理的事件，又不等於心理的經驗，它究竟存在於什麼地方呢？

依胡賽爾之意，「A 在某時某地所說的、具有意義的陳述辭，當作為一個特殊的物理事件而存在時，它存在於什麼地方？」「B昨天買的圓桌在何處？」「你的紅玫瑰掉到何處去了？」這類問題是有意義的，因為它們問的是存在物的空間位置。但問意義存在於什麼地方卻沒有意義，就像「圓在何處？」「紅在何處？」這類問題之為沒有意義一樣。意義、圓、紅、等等都不是存在物（existents）或實體（entities），它們是本質：是將實體（例如某某圓的桌子、某某作為特殊事件的陳述辭）統一（unite）起來的本質。

胡賽爾認為，純邏輯所研究的對象，不是形式的符號（請參考第二節），而是陳述辭的意義。換言之，純邏輯不是形式邏輯家的演算系統（calculus），而命題的理論（theory of propositions）。命題或陳述辭的意義是本質，要把握本質須要依靠直覺，因此，邏輯的真正基礎在於直覺，而不是心理論者所謂的推廣。

八、現象學的科學觀

在胡賽爾看來，現時的科學，題材既狹隘，基礎又不夠嚴格，欲救此等弊端，唯有現象學。以下我們較詳細地討論他的看法。

胡賽爾理想中的「科學」，其範圍及其方法皆不同某些科學至上論者所謂的「科學」或某些自然主義者所謂的「科學」。要看出其中的差異須先從「科學的危機」（crisis of science）說起。

在美國方面，「科學的危機」之成為問題，沒有在歐陸方面那麼嚴重。一般而言，美國方面對科學有很深的崇拜，大都以為科學是我們的時代問題的一劑萬靈藥。其實，到了今天，不少前衛的科學家已發覺到，科學的驚人發現實在引生了很多社會性的或道德性的難題。在歐陸方面，「科學的危機」叫得很響，其中固然有很多聲音是因對科學無知而發出的盲目呼喊，但亦有不少是由於認識到科學的成就無法解決重大的人類問題而發出的呼籲。科學理論的高度發展（例如相對論與量子論），反而令得常識世界與科學世界間的距離愈來愈遠，一般人很多只是崇拜科學而已，其實科學的尖端概念對他們來說其可理解性是愈來愈低的。正如懷海德在他的《科學與現代世界》一書中說的：「當你不知道你所謂力學是什麼意思時，談論力學的說明究竟還有什麼意思呢？」[12]

關於當代這種科學的危機，胡賽爾認為其問題在於一種伽利略式的客觀主義（或說客體主義）與笛卡兒式的主觀主義（或說主體主義）之間的分裂。他並不像有些人認為這種危機是超出人力控制

---

[12] A.N. Whitehead, Science and the Modern World (New York, 1926), p.24f.

而無可彌補的，反之，他仍認為科學在某意義下可作為哲學的模型，只是，同時哲學又可以反過來給科學以一定的援助：經過一種「現象學的改造」之後，哲學即可幫助客觀的科學家釐清和批評他們那些未經徹底釐清的基本概念和假定。

胡賽爾本人對科學的批評，主要可約為三點：

(1) 僅對事實作一種非哲學性的研究，這是現時科學的墮落。例如實徵主義的科學，對於人類的整體生命（尤其是生命的目標），即喪失了其意義。本來，胡賽爾亦曾一度取一種接近實徵主義的科學觀；韋伯（M. Weber）在他的演講「科學作為一種天職」中表示，科學本身的構造已限定了科學不宜處理價值問題，因而亦不宜處理個人存在的意義問題；科學所能做到的，只是給科學以外的抉擇行為提供事實的和技術的資料而已；在 1910 年左右，胡賽爾的看法與韋伯所說的很是相似。但胡賽爾對科學的這種看法並沒有一直保持，後來他終於認為，科學之不能與不願處理生命本質的問題，只因它自限於感官事實所致。現時的科學，正需要一種哲學來恢復它與人類底層生命的關係，而著重本質的現象學則恰好勝任這個工作。（胡賽爾無意摒斥科學，無意站在所謂「反科學」的一邊，反之，他只是要扶持科學。）

(2) 現代科學的背後那種自然主義的態度，令得科學無法處理最終真理或最終有效性的問題。在當前的哲學中，「自然主義」這名詞是含混的；我們得分辨一下胡賽爾的意思。他並不同意「自然主義的」就等於「科學的」，事實上，他用這名詞時（尤其在他的〈哲學作為一種嚴格的科學〉（philosophy as a Rigorous science）一文中），他賦這名詞以一定的意義，那就是：一種將整個世界看

作「不是物理的就是心理的」的觀點，這種觀點因而認為世界只要由事實科學（包括心理學）來探討就夠。這種以為自然事實就是一切，看不見本質，因而將規範（norms）與自然事實同一起來的自然主義，通過以上幾節的討論我們很容易看出，胡賽爾是反對這種想法的。但反對這樣一種狹隘的自然主義，並不涵蘊著胡賽爾反對自然科學，更不涵蘊著他為超自然主義（supernaturalism）辯護。胡賽爾只表示科學要在某些領域（本質）上加以補充。

(3) 這些補充的領域是一般的自然科學（或說歸納科學）的方法所不能施用於其上的，因為此等方法不夠嚴格。那麼，科學的嚴格性能不能建基於現時的邏輯和數學的方法上呢？胡賽爾認為仍然不能，因為，在現時的邏輯和數學的基礎與方法論、及對其形式結果的意義解釋等等方面，仍有著一定的缺點還未能解決。（參考第三節所述胡賽爾對形式邏輯的意見。）

畢竟科學怎樣才能理想呢？

在《邏輯探察》第一卷的終結部份，胡賽爾提出了一種關於科學的理想概念。他認為，科學代表一種藉「理性」（而不是符號組合）而連結起來的知識系統（而不是純形式系統），其中每一步驟，都建基於其前一步驟，是其前一步驟在理性上（而不只是在符號運算上）的一個必然結果。這樣一種嚴格的連結，需要在基本的洞察上有最終徹的清晰，並需要在建構進一步的命題時有一個系統的秩序。

在胡賽爾看來，形上學（尤其神學的形上學）的問題，並沒有什麼吸引之處，他不是透過這些問題而專治哲學的。他最初的哲學興趣，來自數學基礎方面的一些問題（數學和物理學原是他的本

行）。胡賽爾所切望於數學的，是「科學的嚴格性」（scientific rigor，即「嚴格的科學」之特質）。所謂「科學的嚴格性」，他的意思是指演繹科學（例如邏輯）的嚴格性，而不是歸納的自然科學底嚴格性。這是胡賽爾與他的老師不同的地方。白連坦諾順著孔德（A. Comte）和穆勒等人的看法，認為自然科學就是「嚴格」的理想。起先胡賽爾亦曾一度以為白連坦諾底新的「經驗心理學」可以提供一個有必然性的新基礎，但不久就發覺那種心理學不能滿足他對嚴格性的要求。從懷疑數學的基礎開始，胡賽爾倒溯到邏輯、再倒溯到哲學上尋求可能的基礎支撐，他最後發覺，要滿足他對「科學的嚴格性」的要求，只有一門新的、更基本的學科才能勝任，那就是：現象學。

藉著現象學對其他哲學的批評，並對經驗的描述和分析，我們即可給科學提供一個真正堅固的基礎。值得留意的是，這不等於說科學被現象學「駁倒」或「推翻」了，事實上，科學之為真以及科學之為可行（workable）並沒有任何改變，只是科學的預設被發掘了出來且被置於現象學的考察下，以及科學的傳統權威被純粹意識及直接經驗底不可置疑的地位所取代了而已。[13]

九、現象學運動

雖然現象學是當代歐陸方面一個重要的哲學流派，但這種哲學正如存在主義一樣，在十九世紀已可見其端倪。十九世紀歐洲思想

---

[13]　Spiegelberg, op. cit., pp.76-82.

的一般趨勢，是認為事物的存在和本質不能離開心靈的操作而獨立。例如穆勒即表示事物是由感覺來維持，由聯結作用來建構起來的。此外如柏烈得萊（F.H. Bradley）表示事物是有限存有對實在的一種歪曲，詹姆士（W. James）和柏格森認為事物是心靈造出來的工具，用來處理不息的意識之流，等等的看法，都是這種思想趨勢的一種表現。但從這個一般的趨勢中獨立出來，明顯而一致地斷言事物僅被心靈認識而不是被心靈「製造」的，則有白連坦諾。白連坦諾是現象學的先驅，胡賽爾就是他的弟子。

現象學並不限於胡賽爾的哲學，而且，到了四十歲左右，胡賽爾關於現象學的概念才見達到成熟的高峯。但無論如何，在現象學這個哲學流派的發展中，胡賽爾始終是一個最重要的中心人物。

如果我們僅以胡賽爾的哲學作為誰是現象學者誰不是現象學者的標準，那麼，我們將會發現，除了胡賽爾之外差不多沒有任何人可算為現象學者。胡賽爾本人的哲學發展，比喻地說，是螺旋形的，以某一階段為標準，可將某些人劃歸為現象學者，但依胡賽爾的哲學發展，「旋」到另一階段之後，原本被劃歸為現象學者的人就要被拋出現象學的行列了。但如果我們不僅從胡賽爾哲學發展的外貌來看，探一層審察，我們就可看出，胡氏哲學的發展是繞著一個內部的中心而「旋」的，這個中心就是：主體的層面（subjective sphere）。基於這個中心，對主體方面及客體方面的現象以純粹直覺將其原貌描述出來，這就是現象學的工作。用「進行現象學的工作」來作為判別的準則，那麼可列為現象學者的人，就不只胡賽爾一個了。從十九世紀下半以迄今天，即有不少哲學家可稱為「現象學者」；他們且形成了一個所謂「現象學運動」。

以「運動」（movement）這名詞應用在現象學的歷史發展上，須要加上一些解釋才行。在現象學者之間，這名詞並不普遍通用，很多被認為是現象學者的，其本人卻不認為自己是什麼「現象學運動」之一員。至於用「學派」（school）來指稱現象學的發展，看來是更不適宜的，這名稱只是其他人用來統稱現象學者的，事實上現象學者之間，並沒有作為一個學派的結構。最初，在德國方面曾有人用「學團」（circle）來稱呼現象學者羣，這名詞比「學派」一名較為寬鬆，因而應用在現象學者羣上亦較妥貼。但無論如何，由現象學者羣所表現的現象學之發展看來，還是以「運動」一名來描述最為適當。因為：

(1) 比較上，現象學不是一種靜態的而是一種動態的哲學，它的內在原則或方法是決定其發展的一個重要因子。換言之，現象學的發展並不為它的研究題材所限制。

(2) 我們看現象學從白連坦諾發展至今，可發現這個發展甚「似」一條溪水，將一些平行的匯流都包含進去，這些被包含的匯流雖有一定的關聯，但不必同質（homogeneous），且可各以不等的速度而流動。

(3) 構成現象學運動的各匯流，有一共同的出發點，但不必同具一個確定且可預測的發展成果。這種情形，是與「運動」的特色相合的。

依史派格堡的看法，現象學運動可分幾部分來說。

第一部分是預備的階段，以白連坦諾和史登姆（C. Stump）為代表。白連坦諾是現象學運動的前驅，史登姆是實驗現象學的奠基人。

第二部分是這個運動的「德國階段」，胡賽爾的「純粹現象學」是這階段的最重要成果。除了胡賽爾外，談到「德國階段」時值得討論的，有哥廷根學團（Gottingen Circle）和慕尼黑學團（Munich Circle），以現象學方法研究本質的賜勒（M. Scheler），曾當胡賽爾的學生的海德格，以及在其本體論中表現出一種現象學的哈特曼（M. Hartmann）等人。

第三部分是這個運動的「法國階段」。「自從胡賽爾死後，胡賽爾式的研究焦點已大部分轉移到法語大學方面去了。」[14]本來以存在主義著名的沙特、馬色爾、馬勞龐蒂等人，都被列入這個階段的現象學運動中，且被認為是代表性的人物。此外如 P. Ricolur（研究意志的現象學），M. Dufrenne（研究美感的現象學），及 R. Poun（研究價值的現象學）等哲學家，在法國階段的現象學運動中都有一定的地位。[15]

今天的現象學除了盛行於德國和法國之外，在其他很多地區，例如比利時、尼德蘭、瑞士、意大利、東歐、西班牙、英國、美國等等方面，我們都可發現現象學的踪跡。而對現象學方法之應用在哲學和科學上的興趣，正以一種很快的速度發展著。[16]

---

[14]   Cf. Journal of Philosophy (June 27, 1968), p.403.

[15]   Spiegelberg, op. cit., pp.1-23.

[16]   關於現象學與存在主義之間的關係，較詳細的討論，可參考：A. Moore, "Existential Phenomenology," R. Handy, "Comments on Asher Moore's Existential Phenomenology" and A. Moore, "Reply to Rollo Handy," in Philosophy and Phenomenological Research, March 1967, reprinted in J.H. Gill (ed.), Philosophy Today No.1 (New York, London, 1968), pp.184-199.

國家圖書館出版品預行編目資料

存在主義概論

李天命著. – 初版. – 臺北市：臺灣學生，民 65
面；公分

ISBN 978-957-15-0159-8(平裝)

1. 存在哲學

143.46   79000541

存在主義概論

著　作　者　李天命
出　版　者　臺灣學生書局有限公司
發　行　人　楊雲龍
發　行　所　臺灣學生書局有限公司
地　　　址　臺北市和平東路一段 75 巷 11 號
劃 撥 帳 號　00024668
電　　　話　(02)23928185
傳　　　眞　(02)23928105
E - m a i l　student.book@msa.hinet.net
網　　　址　www.studentbook.com.tw
登記證字號　行政院新聞局局版北市業字第玖捌壹號
定　　　價　新臺幣三五〇元

一九七六年八月初版
二〇一九年六月重排新版二刷

14301　　　　有著作權・侵害必究
ISBN 978-957-15-0159-8(平裝)